ketnet

ketnet presenteert: IK KAN AL PROGRAMMEREN MET SCRATCH

Rosie Dickins,
Jonathan Melmoth & Louie Stowell

LANNOO

www.lannoo.com
www.lannoo.be/programmeren-scratch
www.ketnet.be

Registreer u op onze website en we sturen u regelmatig een nieuwsbrief met informatie over nieuwe boeken en met interessante, exclusieve aanbiedingen.

Oorspronkelijke titel Coding for Beginners using Scratch
Oorspronkelijke uitgever Usborne Publishing Ltd

www.usborne.com
Coding consultants Berbank Green & Jonathan Skuse
Extra coding advies Ben Woodhall
Illustraties Shaw Nielsen
Extra illustraties Matt Bromley
Redactie Jane Chisholm
Ontwerp Stephen Moncrieff, Matt Preston & Harley Wells
Extra ontwerpen Tom Lalonde en Mike Olley
Test van de coderingen Laura Cowan en Matthew Oldham
Vertaling Ronald Schrijber, www.groenlingua.nl
Redactie Nederlandse editie Jaap Verschoor / Kantoor Verschoor Boekmakers, Heemstede
Zetwerk Peter Verwey Grafische Produkties, Heemstede

ISBN 978 94 014 3448 5
D/2016/45/253
NUR 211

Inhoud

herhaal

verander y met 10
start geluid miauw

richt naar
maak pendikte 1
verander grootte met 100 %
verwijder deze kloon
ga naar x: 0 y: 0

verander snelheid met 0
zet tijdklok op nul
wacht 1 sec.
stempel

Wat is coderen?

Coderen is het schrijven van instructies voor computers.
Een serie instructies noemen we een programma.
Als je leert coderen, kun je je eigen programma's maken.

Kleine stapjes

Wil een programma werken, dan moet het zo geschreven zijn dat de computer het kan begrijpen. Je moet daarom alle instructies opdelen in kleine, eenvoudige stapjes en die samenvoegen tot een computertaal.

LET OP!

Computers voeren instructies blindelings uit – ze kunnen niet zelf denken. Daarom moet alles duidelijk gespeld zijn en mag er niets worden weggelaten.

Computertaal

Een computertaal is net een gewone taal, maar dan met een beperkte woordenschat en precieze regels om dingen te beschrijven.

Er zijn veel verschillende computertalen, ontworpen voor verschillende vormen van programmeren. De eerste taal die veel mensen leren heet Scratch – een taal die speciaal voor beginners is ontworpen.

Scratch is ontwikkeld door de Lifelong Kindergarten Group in het MIT Media Lab. Zie http://scratch.mit.edu.

Waarom Scratch?

Scratch is ontworpen om snel en gemakkelijk te kunnen toepassen. Je kunt er programma's mee maken door apart gemaakte coderingsblokken samen te voegen.

Let op dit soort vensters. In groene vensters vind je uitleg over BASISBEGRIPPEN. In blauwe vensters vind je TIPS over het gebruik van SCRATCH.

Over dit boek

Met dit boek leer je het beste uit Scratch te halen door animaties, verhalen en games te maken. Je vindt veel tips over hoe je je eigen codering kunt schrijven. Alle voorbeelden zijn opgedeeld in korte stappen die je gemakkelijk kunt uitvoeren.

Aan de slag!

Het eenvoudigst kun je met Scratch beginnen op de website van Scratch. Je hebt alleen een computer (een met toetsenbord – geen tablet) en een internetverbinding nodig.

Ga naar **www.lannoo.be/programmeren-scratch.** Daar vind je een link naar de website van Scratch met alle benodigde instructies. Ook vind je er allerlei aanvullende informatie over Scratch, bijvoorbeeld over het startproject (zie blz. 53 van dit boek) en over croppen (blz. 31).

Laat je ouders via de website van Lannoo de pagina '**Informatie voor ouders**' lezen.

Wil je Scratch offline gebruiken (dus zonder internetverbinding), download de software dan en sla hem op je computer op. Volg gewoon de instructies op de website van Scratch.

Scratch opstarten

Als je Scratch opstart op je computer, zie je als eerste dit scherm.

Klik op de Scratch-website op 'Maak' (in de blauwe balk) om hier te komen.

De **groene vlag** en de **rode knop** worden gebruikt als start- en stopknop.

Deze namen zijn de **blokkenmenu's** – zie hieronder hoe ze werken.

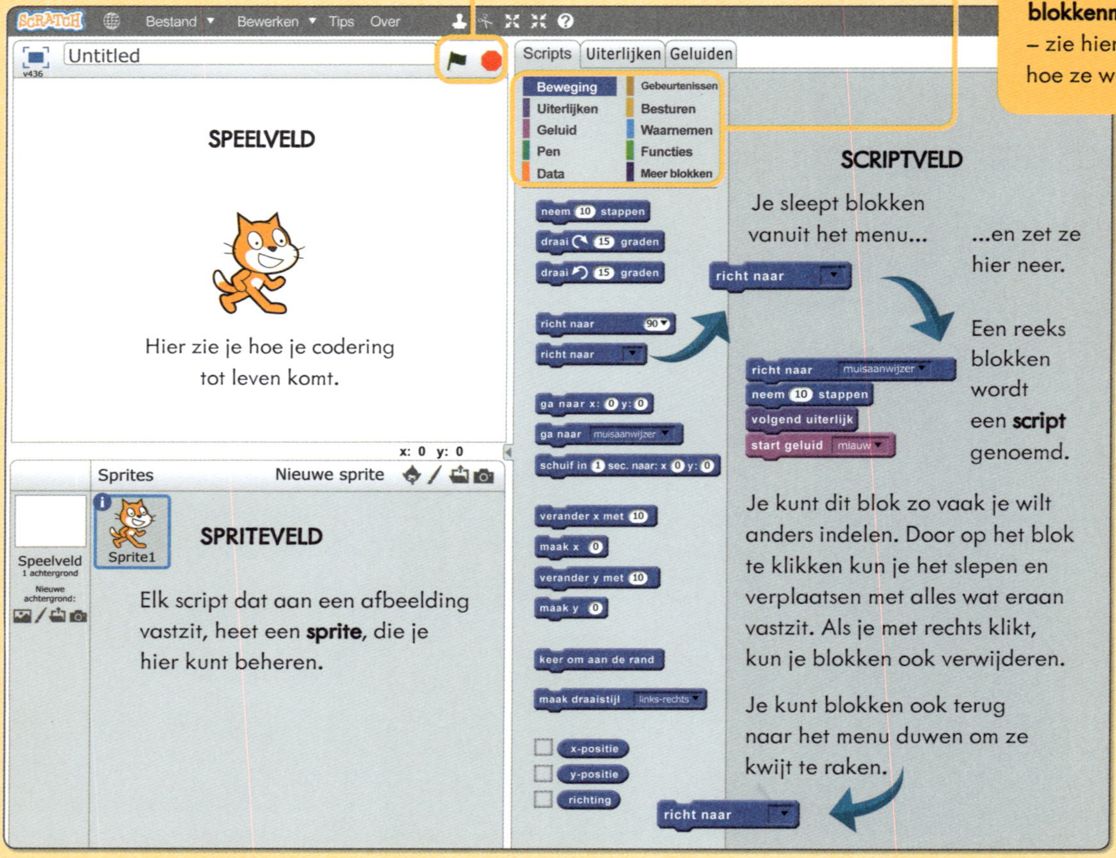

Blokkenmenu's

Elk blokkenmenu bevat coderingsblokken, bijvoorbeeld:

- Met **Beweging**-blokken (blauw) laat je sprites bewegen.
- Met **Uiterlijken**-blokken (paars) kun je veranderen hoe dingen eruitzien.
- Met **Besturen**-blokken (goud) kun je de scripts zelf besturen.

Klik op een van de **blokken** in het menu om de onderliggende blokken te zien (zie ook blz. 82).

Dit zijn de tien **blokkenmenu's.**

De eerste stappen

1 Probeer deze twee blokken (vanuit het **Beweging**-menu) in het scriptveld te slepen om de kat te laten bewegen.

Klik dan op het **Geluid**-menu en voeg een **start geluid**-blok toe.

BASISBEGRIPPEN

Instructiewoorden als BEWEEG en SPEEL worden ook wel BASISBEGRIPPEN genoemd omdat ze een duidelijke en precieze betekenis hebben in de computertaal.

2 Klik op het script om het uit te voeren. Klik een paar keer en kijk wat er gebeurt.

Het script licht op als het draait, en de kat beweegt en miauwt (als de kat te ver weg gaat, kun je hem weer terugslepen).

3 Maar de kat ziet er niet uit alsof hij loopt. Daarvoor moeten zijn poten bewegen.

Klik op het **Uiterlijken**-menu en voeg een **volgend uiterlijk**-blok toe. Hiermee krijg je een andere afbeelding of 'uiterlijk' van dezelfde sprite (in dit geval de kat met zijn poten in een andere houding). Klik een paar keer op dit script.

4 De poten van de kat bewegen, maar alleen als je op het script klikt. Om dit te laten herhalen, moet je een **herhaal**-blok maken in het menu **Besturen.** Dit blok herhaalt, of loopt, alle instructies erin zo vaak als jij dat instelt.

LOOPS

In coderingen worden vaak LOOPS gebruikt. Daarmee kun je programma's korter maken en zijn ze sneller te schrijven.

Op de volgende bladzijde ontdek je hoe je van dit script een eenvoudige kat en muis-game maakt.

Kat en muis

Doel van deze game is je muisaanwijzer telkens een stap voor de kat te houden. Raakt de kat de muisaanwijzer, dan zegt hij 'Ik heb je!' en is het spel voorbij.

1 Voor deze game is een nieuwe loop-soort nodig: **herhaal tot** (uit het **Besturen**-menu)...

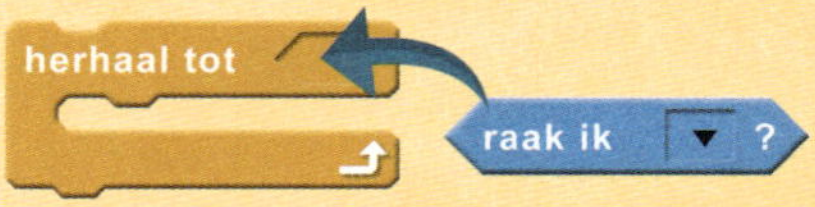

... plus een blok met een spits einde uit het menu **Waarnemen**.

2 Pak ze tezamen op (de loop past zich aan aan de grootte). Klik vervolgens op het zwarte driehoekje en selecteer 'muisaanwijzer' in het dropdownmenu.

Deze loop laat alles erbinnen eindeloos herhalen totdat de kat de muisaanwijzer raakt.

3 Ga terug naar het script van de vorige bladzijde. Klik op het eerste blok in de loop en sleep het met alle blokken die eronder hangen in de nieuwe loop.

4 Eindig met een **zeg**-blok (uit het menu **Uiterlijken**).

Klik op de witte vensters om de boodschap van de kat in te voeren en om te bepalen hoe lang deze op het scherm blijft.

Test je script

5 Klik op het script en draai een paar rondjes met de muisaanwijzer. De kat moet je muis volgen totdat hij je te pakken heeft. Probeer het een paar keer.

Als de kat de rand van het **speelveld** raakt, begint hij te flikkeren. Dit kun je verhelpen door een **stuitering** in te voegen (in het **Beweging**-menu) aan het begin van de loop.

VOORWAARDELIJKE INSTRUCTIES

Instructies als ALS en HERHAAL TOT vertellen de computer anders te reageren op verschillende omstandigheden of voorwaarden (in dit geval waar de kat is). We noemen ze VOORWAARDELIJKE instructies.

Als je codering werkt, mag je jezelf een schouderklopje geven.

Zie je hoe de blokken zijn gevormd waardoor ze alleen maar op bepaalde manieren in elkaar passen?

6 Je kunt het script gemakkelijker bedienen door aan het begin een **groene vlag** toe te voegen (in het menu **Gebeurtenissen**).

Je kunt het script nu uitvoeren door op de **groene vlag** boven aan het **speelveld** te klikken (of op de **rode knop** om het af te breken).

```
als [vlag] wordt aangeklikt
herhaal tot < raak ik [muisaanwijzer ▾] ? >
    keer om aan de rand
    richt naar [muisaanwijzer ▾]
    neem (10) stappen
    volgend uiterlijk
end
zeg [Ik heb je!] (2) sec.
```

Een 'hoed'-vorm betekent dat dit blok bovenaan moet komen.

Alleen blokken met spitse einden passen hier.

SYNTAXIS

De manier hoe je je codering opstelt, wordt de SYNTAXIS genoemd. Als de syntaxis niet goed is, zal de computer in de war raken. In Scratch kun je gelukkig geen fouten maken. De blokken grijpen alleen in elkaar als de syntaxis correct is.

7 Om de game eerlijker te maken, kun je de kat telkens vanuit het midden van het **speelveld** laten starten. Voeg hiervoor een **'ga naar x'**-blok toe (in het **Beweging**-menu).

Nu kun je de positie met coördinaten instellen...

```
als [vlag] wordt aangeklikt
ga naar (0) y: (0)
herhaal tot < raak ik [muisaanwijzer ▾] ? >
    keer om aan de rand
    richt naar [muisaanwijzer ▾]
    neem (10) stappen
    volgend uiterlijk
end
zeg [Ik heb je!] (2) sec.
```

Wil je de kat in het midden laten beginnen, typ dan '0' in beide vensters.

COÖRDINATEN

Je kunt elk punt op het speelveld bepalen met 'x' overdwars en 'y' omhoog-omlaag. Deze x- en y-hoeveelheden (of waarden) noemen we **COÖRDINATEN**.

De score bijhouden

Op deze bladzijden leer je hoe je je kat-en-muisspel kunt verbeteren door de score bij te houden en hoe je met een extra sprite een muis toevoegt.

Vitale variabelen

Terwijl je speelt, zal je score veranderen. Laat je computer de score bijhouden en geef dit kleine beetje informatie (of 'data') een naam. In het programmeren noemen we dit 'een variabele maken'.

VARIABELEN

Een variabele is net een OPBERGDOOS met een naam. Je kunt de inhoud zo vaak veranderen als je wilt, maar er nog steeds met dezelfde naam naar verwijzen. Je kunt zelf een naam kiezen, dat maakt de computer niet uit, bijvoorbeeld

'Score' 'Hoogste score' 'Fred'

Een variabele maken

1 Ga naar het menu **Data** (een van de **blokkenmenu's**) en klik op 'Maak een variabele'. Typ 'score' in het venster dat verschijnt en kies voor de keuze 'Voor alle sprites'. Klik nu op 'OK' en je krijgt een nieuwe serie 'score'-blokken.

Laat het venster naast 'score' aangevinkt om de variabele weer te geven op het **speelveld** (het gedeelte van het scherm waar je codering tot leven komt).

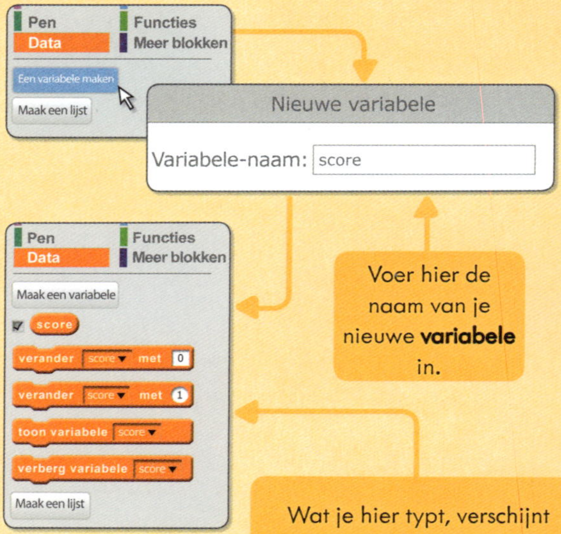

Voer hier de naam van je nieuwe **variabele** in.

Wat je hier typt, verschijnt in de nieuwe blokken.

2 Voeg aan het begin een **maak score**-blok toe. (Sleep het over de juiste plek en het zal op zijn plaats schieten als je het loslaat.)

Voeg een **verander score met**-blok toe aan de loop, zodat je steeds een punt krijgt als je de kat weet te ontwijken.

Probeer de game. In de hoek van het **speelveld** moet je een scoreteller zien, die oploopt als je wordt geraakt.

Dit zorgt ervoor dat de score bij elk nieuw spel op nul begint.

Wil je de score sneller laten oplopen, voer hier dan een hoger getal in.

Nog een sprite toevoegen

We gaan nu een muis toevoegen waar je kat op kan jagen.

1 Ga naar 'Nieuwe sprite' boven aan het **spriteveld.** Klik op het kleine plaatje van de sprite en er verschijnt een lijst die we de **spritebibliotheek** noemen. Scrol daar doorheen om 'Mouse1' te vinden.

Onthoud: je kunt al deze scripts zien werken als je naar Lannoo Scratch gaat.

2 Dubbelklik op 'Mouse1' (of selecteer het en druk op 'OK'). De muis verschijnt nu naast de kat op het speelveld en in het **spriteveld.** (Het **scriptveld** is nog leeg, omdat je nog niets hebt geschreven voor de muis.)

Het blauw omlijnde kader geeft aan dat Mouse1 is geselecteerd. Dat betekent dat je er een codering voor kunt maken.

3 Maak een nieuw script om de muis te kunnen besturen. Gebruik een **ga naar x**-blok, waardoor de muis telkens vanaf dezelfde plek begint.

Gebruik een **herhaal tot**-blok met een **raak ik?**-blok (vanuit **Waarnemen**) om de muis te laten bewegen tot hij wordt gevangen.

Voer deze coördinaten in om de muis naar de rechterbovenhoek van het speelveld te verplaatsen.

Sprite1 is de kat.

Typ 25 stappen. Hoe meer stappen de muis per keer doet, hoe sneller hij beweegt – en hoe groter de kans dat hij kan ontsnappen.

4 Selecteer de katsprite en verander 'muisaanwijzer' in 'Mouse1' beide keren dat hij verschijnt. De kat zal nu op de nieuwe muissprite jagen, die op zijn beurt jouw muisaanwijzer volgt.

Selecteer 'Mouse1' in de dropdownmenu's.

5 Klik op de **groene vlag** om het spel te beginnen. Hiermee worden alle scripts tegelijk opgestart.

Speel de game een paar keer en probeer een steeds hogere score te halen.

BEWAAR JE GAME

Wil je deze game later nog eens spelen, sla hem dan op onder een naam die je invoert in de titelbalk boven in het speelveld. Hij wordt opgeslagen in MIJN PROJECTEN in jouw Scratch-account (zie blz. 80).

Dansende sprites

Met **Uiterlijken** kun je sprites animeren en muziek toevoegen aan hun bewegingen.

Verschillende versies van dezelfde sprite noemen we **uiterlijken.** Je kunt alle bestaande uiterlijken van een sprite bekijken door te klikken op de tab Uiterlijken (boven aan de blokkenmenu's).

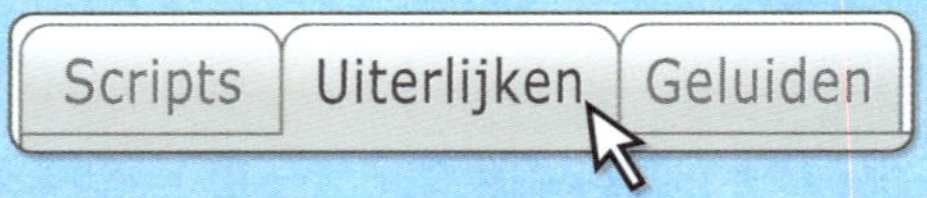

De meeste sprites hebben slechts een paar uiterlijken. Je kunt zelf ook nieuwe aanmaken – hoe, dat lees je op blz. 29.

Breng een dinosaurus tot leven

1 Start een nieuw project door te klikken op 'Bestand – Nieuw' (in de grijze balk). Klik daarna met de rechtermuisknop op de kat en kies 'verwijderen' om het speelveld leeg te maken.

2 Ga naar 'Nieuwe sprite' boven aan het **spriteveld** en klik op de afbeelding ernaast om de **spritebibliotheek** te openen. Dubbelklik op de sprite 'Dinosaur1'.

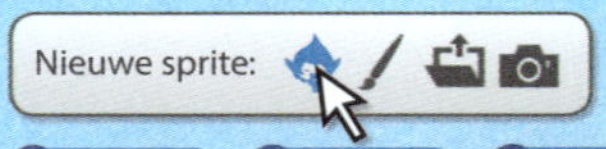

De dinosaurus heeft In totaal 7 uiterlijken. Hier zie je er een paar.

3 Maak dit script aan om de dinosaurus van uiterlijk te laten veranderen. Klik boven in het speelveld op de groene vlag om het uit te voeren.

De dinosaurus begint te bewegen. Maar als hij tegen de rand botst, keert hij ondersteboven! Wil je hem op zijn voeten laten staan, dan zul je de **draaistijl** moeten wijzigen.

Als je hier een korte pauze invoert, kun je elk uiterlijk eerst zien voordat het verandert.

ANIMATIES

Alle animaties werken door stilstaande afbeeldingen als deze samen te voegen. Hoe kleiner de veranderingen tussen de afbeeldingen, hoe geleidelijker het effect.

4 Selecteer de dinosaurus in het **spriteveld** en klik op de 'i'. Hiermee verschijnt een serie opties in het **spriteveld.**

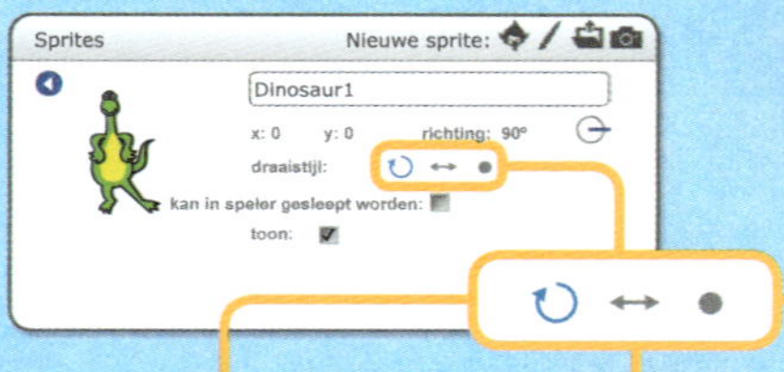

5 Klik op een van deze knoppen om een **draaistijl** te selecteren. Probeer ze allemaal en kijk wat er gebeurt.

Laat de sprite ronddraaien.

Verandert de richting, maar houdt de sprite rechtop.

Houdt de sprite precies hetzelfde.

Muziek toevoegen

Je kunt ook muziek toevoegen waarop de dinosaurus kan dansen.

1 Klik op de tab **Geluiden** en dan op de luidspreker om de **Geluidenbibliotheek** te openen.

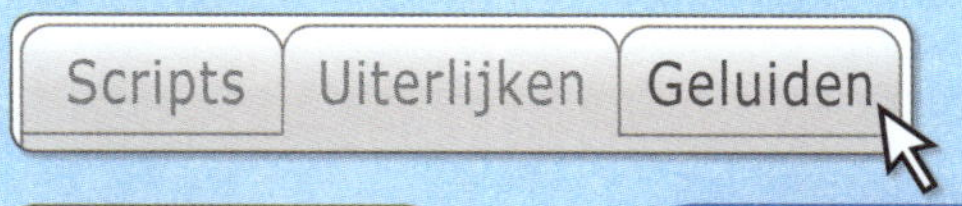

GELUIDENBIBLIOTHEEK

Je vindt je weg het snelst in de Geluidenbibliotheek door eerst een CATEGORIE te kiezen. Met Muziekherhalingen kun je muziek continu afspelen.

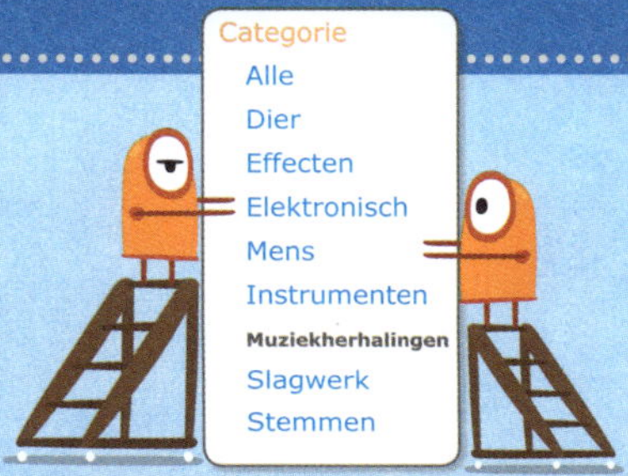

2 Klik op **Muziekherhalingen** en kies een geluid. Dubbelklik daarop om het te selecteren. Het verschijnt nu in je geluidenlijst en als optie in enkele **Geluiden**-blokken.

Je kunt een geluid testen door op de afspeelknop te klikken.

3 Ga terug naar de tab **Scripts** en maak een ander script aan, zoals hiernaast.

Gebruik een 'groene vlag'-blok voor beide scripts om de muziek en beweging tegelijk te laten beginnen.

Selecteer het gekozen geluid vanuit het dropdownmenu.

Bepaal het scenario

Voeg tot slot een achtergrond toe om de animatie af te ronden.

1 Klik op de afbeelding van een landschap onder in het speelveld en open zo de **Achtergrondbibliotheek.** Scrol omlaag tot je een leuke achtergrond vindt.

2 Dubbelklik op de achtergrond, die vervolgens op het speelveld verschijnt. Klik nu op de groene vlag en kijk hoe de dinosaurus danst in het door jou gekozen scenario.

Deze achtergrond heet 'desert' (woestijn).

Muziek maken

Hier kun je via het menu Geluid een band van sprites samenstellen en die samen een deuntje laten spelen.

Een beat bepalen

1 Start een nieuw project. Klik met rechts op de kat in de spritelijst en kies **verdwijn**.

Met **slagwerk**-blokken stel je een achtergrondbeat in voor je band.

2 Klik op het **Geluid**-menu en sleep een **slagwerk**-blok. Selecteer het soort slagwerk en hoe lang het moet spelen.

De lengte wordt weergegeven als het aantal **tellen.**

Dit getal verandert het soort slagwerk. In Scratch is 1 altijd een kleine trom.

3 Bouw een korte sequentie op, zoals hiernaast. Voeg dan een **herhaal**-loop (in **Besturen**) en een **groene vlag**-blok (in **Gebeurtenissen**) toe, zodat het meteen begint als je op de vlag klikt.

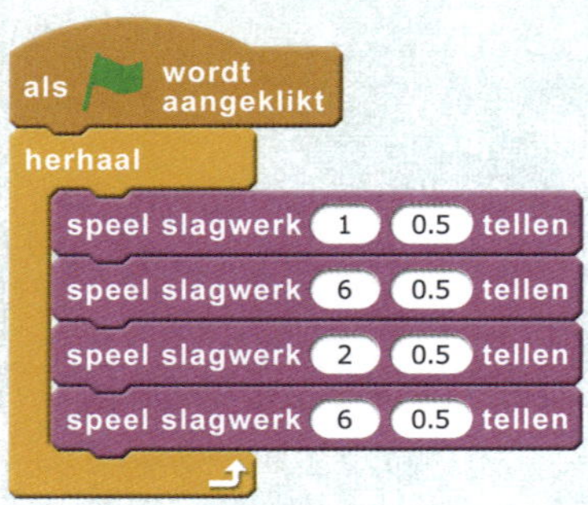

4 is een crashbekken.

12 is een triangel.

2 is een bassdrum.

SOORTEN SLAGWERK

Scratch kent 18 verschillende slagwerk- en percussiestijlen. Speel er wat mee om te ontdekken welke je het leukst vindt.

13 is een bongo.

11 is een koebel.

7 is een tamboerijn.

Instrumenten toevoegen

Je kunt nog meer sprites toevoegen die ook een instrument bespelen.

1 Kies een nieuwe sprite uit als musicus.

Zorg dat je de sprite hebt geselecteerd voordat je het script ervan start.

2 Geef het een blok **gebruik instrument** en kies een instrument uit het dropdownmenu.

```
gebruik instrument (10)
```

Met dit getal wijzig je het instrument. 10 is een klarinet.

3 Instrumenten moeten worden gecombineerd met **noot**-blokken om een geluid te maken. Hiermee beheer je welke noot zal spelen en hoe lang.

```
speel noot (60) (0.5) tellen
```

Hoe hoger het getal, hoe hoger de noot.

4 Voeg een startblok **als op deze sprite wordt geklikt** toe. Hierdoor zal het instrument beginnen te spelen als je op de sprite in het speelveld klikt.

```
als op deze sprite wordt geklikt
gebruik instrument (10)
speel noot (60) (0.5) tellen
```

Wil je een deuntje aanmaken en afspelen, voeg dan meer **noot**-blokken toe om een sequentie te maken.

```
speel noot (55) (0.25) tellen
speel noot (64) (0.25) tellen
speel noot (60) (0.5) tellen
```

SOORTEN INSTRUMENTEN

Scratch kent 21 instrumenten en muzikale effecten. Hier kun je er een paar proberen.

2 is een elektrische piano.

4 is een gitaar.

11 is een saxofoon.

Voeg nog meer sprites toe om je band compleet te maken.

Start het slagwerk door op de groene vlag te klikken. Laat ook de andere instrumenten spelen door op de sprites in het speelveld te klikken.

12 is een dwarsfluit.

```
als op deze sprite wordt geklikt
gebruik instrument (12)
speel noot (64) (0.25) tellen
speel noot (67) (0.25) tellen
speel noot (71) (0.25) tellen
speel noot (67) (1.25) tellen
```

Zet een 'herhaal'-loop (in het menu **Besturen**) rond de noten als je een sequentie telkens opnieuw wilt afspelen.

7 is een pizzicato (getokkelde viool).

```
als op deze sprite wordt geklikt
gebruik instrument (7)
herhaal (9)
    speel noot (55) (0.5) tellen
    speel noot (59) (0.5) tellen
    speel noot (60) (0.5) tellen
    speel noot (64) (0.5) tellen
```

Meer geluiden

Je kunt voor je band verschillende geluiden toevoegen en je eigen geluiden opnemen.

Geluidseffecten gebruiken

1 Maak een nieuwe sprite aan. Selecteer nu de tab **Geluiden** boven aan het **scriptveld**.

KUKELEKU!

2 Klik op de **luidspreker** om de **Geluidenbibliotheek** te laten verschijnen.

3 Kies een geluid en klik op het **pijltje** om het te beluisteren. Zoek net zolang tot je een geluid hebt gevonden dat je bevalt en dubbelklik erop om het te selecteren.

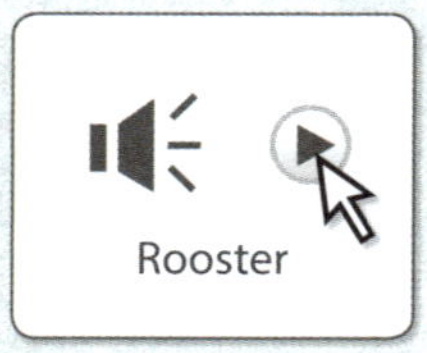

4 Ga terug naar de tab Scripts om het geluid te laten afspelen als je op de **sprite** klikt. Maak nu dit script aan met een **speel geluid**-blok (in het menu **Geluid**).

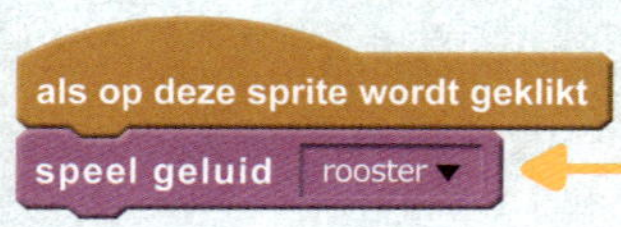

Je geselecteerde geluid verschijnt nu in het dropdownmenu.

Je eigen geluiden opnemen

1 Selecteer de tab **Geluiden** en klik op de **microfoon**.

Je hebt een computer met een microfoon nodig om te kunnen opnemen.

2 Er verschijnen een **opname**-icoontje en een aantal knoppen. Klik op **opnemen** en maak je geluid. Klik op **stop** als je klaar bent.

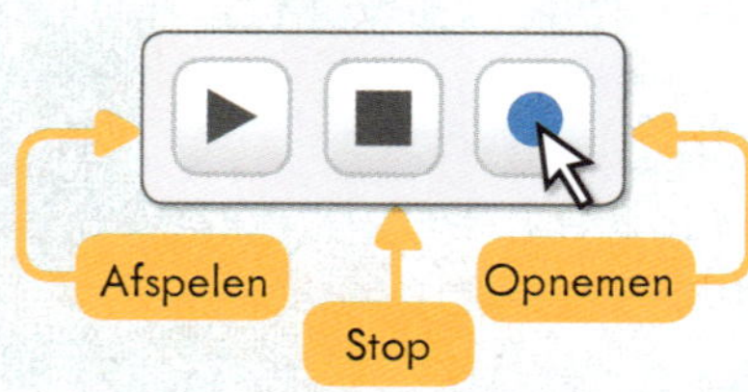

3 Als je nu een **speel geluid**-blok gebruikt, zal je opname verschijnen in het dropdownmenu.

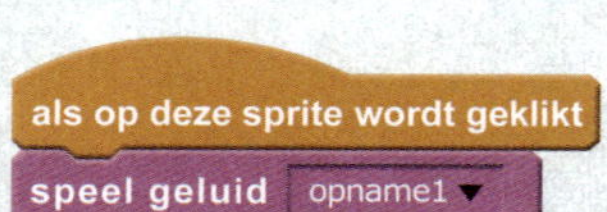

Sneller en langzamer

De snelheid van muziek wordt het tempo genoemd. Dat kun je sneller of langzamer instellen. Je kunt het zelfs veranderen terwijl je band speelt.

Het tempo instellen

1 Voeg dit blok toe aan het begin van het script van een bepaalde sprite om het tempo te bepalen.

bpm staat voor 'beats per minuut'. Hoe hoger de bpm, hoe sneller de muziek.

Snelheidsbesturing maken

1 Maak twee pijltjes-sprites waarmee je kunt besturen: de ene om het tempo te verhogen, de andere om het te verlagen. Sleep ze naar het speelveld, klik met rechts op elk pijltje en selecteer 'info'. Met de draaiwijzer kun je ze omhoog of omlaag richten.

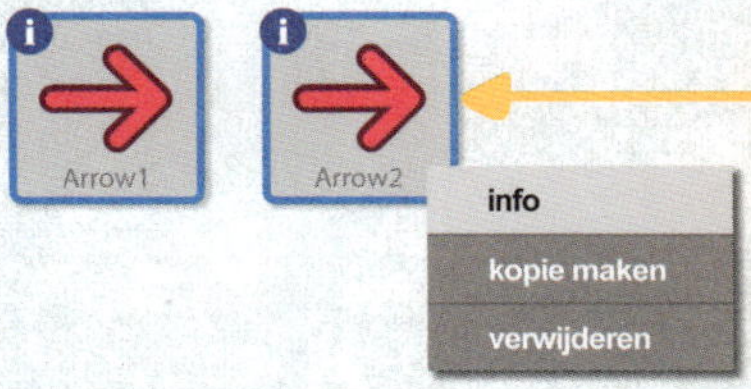

Je kunt het pijltje draaien door de blauwe lijn rond de draaiaanwijzer te bewegen. 0° richt omhoog, 180° richt omlaag.

richting: 180°

2 Open de **Geluidenbibliotheek** opnieuw en dubbelklik op 'pop'. Selecteer nu de 'ga sneller'-sprite in het **scriptveld** en maak het script hiernaast aan.

Als je een 'pop'-geluid toevoegt, is het duidelijker als je klikt.

Dit verhoogt de bpm met 10.

3 Selecteer de 'ga-langzamer'-sprite in het **scriptveld** en maak het script hiernaast ervoor aan.

Dit verlaagt de bpm met 10.

4 Probeer op de besturing te klikken terwijl je band speelt. Vind je het geluid mooi? Zo niet, sleutel dan nog wat aan je codering.

Lekkere muziek!

Hoor de band spelen bij de gedeelde projecten op Lannoo Scratch.

Boe!

Ontdek hoe je een sprite spookachtiger maakt, kunt laten opduiken en verdwijnen en onopvallend kunt laten besluipen.

Maak een geestsprite

1 Start een nieuw project, klik met rechts op de kat en verwijder hem. Open de **spritebibliotheek** en kies een spookachtige sprite of kies een sprite uit de gedeelde projecten van Lannoo Scratch (zie rechts).

In de gedeelde projecten van Lannoo Scratch kun je kiezen uit veel sprites en andere leuke dingen.

2 Neem een **groene vlag**-blok (in het menu **Gebeurtenissen**) en voeg daar een **ga naar x y**-blok aan toe (in **Bewegen**). Zet x en y op nul.

Nu is het tijd om het wat spookachtiger te maken.

```
als [groene vlag] wordt aangeklikt
ga naar x: (0) y: (0)
```

Dit stuurt de sprite naar het midden van het scherm.

Geesteffect

3 Ga naar het menu **Uiterlijken**, neem een **zet effect op**-blok en voeg het hieronder toe. Kies 'geest' in het scrolmenu. Hiermee maak je je sprite vaag en spookachtig.

```
zet effect [geest ▾] op (95)
```

Hoe hoger het getal, hoe sterker het effect, tot maximaal 100% (geheel onzichtbaar).

4 Neem een **herhaal**-loop (in **Besturen**) en plaats die rond een **verander effect met**-blok (in Uiterlijken). Selecteer 'geest' nogmaals. Voeg de loop toe aan het eind van je script.

```
herhaal (15)
    verander [geest ▾] -effect met (-5)
```

Een negatief getal vermindert het effect – de sprite wordt dus langzaam duidelijker.

SPECIAL EFFECTS

In Scratch kun je kiezen uit verschillende effecten. Hier zie je er een paar.

DRAAIKOLK laat een sprite rondzweven.

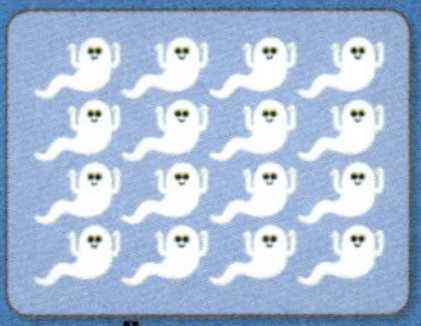

MOZAÏEK maakt veel kleine kopieën.

VISSENOOG laat een sprite opzwellen in het midden.

5 Ga voor een spookachtig geluidseffect naar de tab **Geluiden**. Klik op de **luidspreker**, kies een geluid en klik op 'OK'. Voeg vervolgens een **start geluid**-blok toe (uit het menu **Geluid**).

Nieuw geluid:

```
start geluid [door creak ▾]
```

Selecteer je geluid in het scrolmenu.

MWAHAHA

We kiezen 'door creak', maar er zijn nog heel wat andere enge geluiden die je kunt proberen...

scream male-1
screech
laugh male-1
laugh male-2
wolf howl

6 Je kunt ook een **denk-** of **zeg**-blok (in **Uiterlijken**) kiezen om een dialoog toe te voegen.

```
zeg [Kijk uit, sterveling, deze computer is behekst!] (3) sec.
```

Op dit moment moet je codering er ongeveer als volgt uitzien. Voer het uit en gooi alles eruit wat je niet bevalt.

```
als [vlag] wordt aangeklikt
ga naar x: (0) y: (0)
zet effect [geest ▾] op (95)
herhaal (15)
    verander [geest ▾] -effect met (-5)
end
start geluid [door creak ▾]
zeg [Kijk uit, sterveling, deze computer is behekst!] (3) sec.
```

In beweging

7 Om de geest geleidelijker te laten bewegen, neem je een **schuif**-blok (in het menu **Beweging**). Voeg dit onder aan je script toe.

```
schuif (1.5) sec. naar x: (50) y: (-85)
```

Op deze coördinaten zal de sprite stoppen.

Zo veel seconden duurt het schuiven. Hoe hoger het getal, hoe langzamer het glijden.

8 Doe net alsof de sprite dichterbij komt: voeg een **verander grootte met**-blok (in **Uiterlijken**) toe aan het eind van je script.

```
verander grootte met (100)
```

Hoe hoger het getal, hoe groter de sprite wordt (door een negatief getal zal hij kleiner worden.) Als de sprite groeit, lijkt hij dichterbij te komen.

9 Om het verhaal voort te zetten kun je meer **denk-** of **zeg**-blokken meteen onder het **'verander grootte met'**-blok toevoegen.

```
verander grootte met (100)
zeg [Wooooeeeeeh!] (3) sec.
```

Verstoppertje

10 Voeg om de geest te laten verdwijnen een **verdwijn**-blok toe (in **Uiterlijken**).

Voeg dan een **wacht**-blok toe (in **Besturen**) om alles te onderbreken.

```
verdwijn
wacht (4) sec.
```

Het lijkt alsof de animatie klaar is. Maar er wacht nog een verrassing...

Verrassing!

11 Voeg een **ga naar**-blok toe (in **Beweging**) om de sprite naar een andere plek te sturen. Ga dan naar **Uiterlijken** en voeg een **verschijn**-blok toe om hem te onthullen en een **'verander grootte met'**-blok om hem ineens groter te laten worden.

Deze coördinaten sturen de sprite naar het midden van het speelveld, naar de onderkant.

```
ga naar x: (0) y: (-150)
verschijn
verander grootte met (300)
```

Hoe hoger dit getal, hoe dramatischer het effect.

12 Je kunt ook een verrassend geluidseffect toevoegen met **start geluid**, en laat de sprite iets zeggen zoals 'BOE!' via een ander **zeg**-blok en een **wacht**-blok waarmee je een onderbreking invoegt.

```
start geluid [scream-male1 ▼]
zeg [BOE!] (2) sec.
wacht (2) sec.
```

Je moet elk nieuw geluid eerst selecteren in de **Geluidenbibliotheek**.

13 Op het eind kun je de sprite laten verdwijnen (met een nieuw **verdwijn**-blok) of nog een dialoog toevoegen.

```
zeg [Serieus? Ben je niet eens een beetje bang?] (2) sec.
wacht (2) sec.
zeg [Dichte menigte...] (2) sec.
```

Uitproberen

14 Klik op de groene vlag om je animatie te starten. Doe dit een paar keer.

Start je hem vaker, dan zal de sprite met de verkeerde grootte beginnen. Dit kun je verhelpen door aan het begin een **verander grootte**-blok in te voegen (in **Uiterlijken**).

```
als [groene vlag] wordt aangeklikt
maak grootte (100) %
```

Zet dit op 100% om ervoor te zorgen dat de sprite met zijn normale grootte begint.

Als je je animatie of game in Scratch telkens op dezelfde manier wilt laten beginnen, moet je de codering aan het begin van je script alle instructies die je later geeft laten CANCELEN.

De codering is klaar

Hier rechts zie je de volledige codering die je in de vorige 14 stappen hebt gemaakt.

```
als [groene vlag] wordt aangeklikt
maak grootte (100) %
ga naar x: (0) y: (0)
zet effect [geest ▾] op (95)
herhaal (15)
    verander [geest ▾] -effect met (-5)
start geluid [door creak ▾]
zeg [Pas op, sterveling, deze computer is behekst!] (3) sec.
schuif in (1.5) sec. naar x: (50) y: (-85)
verander grootte met (100)
zeg [Wooooeeeeh!] (3) sec.
verdwijn
wacht (4) sec.
ga naar x: (0) y: (-150)
verschijn
verander grootte met (300)
speel geluid [scream-male1 ▾]
zeg [BOE!] (2) sec.
wacht (2) sec.
zeg [Serieus? Ben je niet eens een beetje bang?] (2) sec.
wacht (2) sec.
zeg [Dichte menigte...] (2) sec.
```

Tekenen

Je leert nu hoe je van je sprite een pen kunt maken en loops kunt gebruiken waarmee hij verschillende vormen tekent.

1 **Pen**-blokken zijn donkergroen. Klik op het menu **Pen** om de volledige lijst te zien.

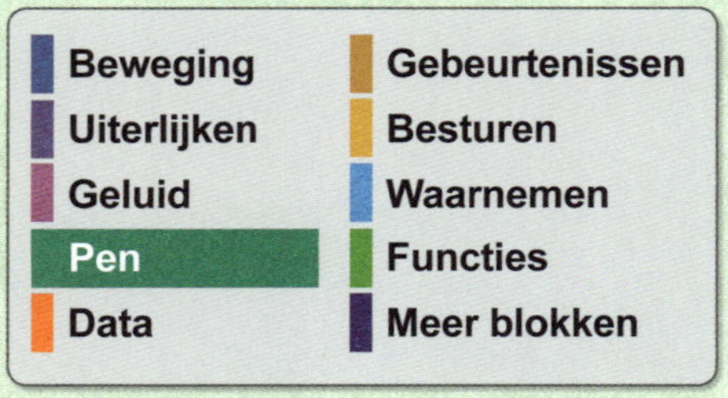

2 Om met de muis te leren tekenen, start je een nieuw project en schuif je de blokken hiernaast in elkaar.

3 Klik nu op de groene vlag en beweeg je muis over het speelveld.

Deze sprite handelt als je pen en laat een spoor achter als hij over het speelveld beweegt.

HANDIGE PENBLOKKEN

Dit zet de pen UIT. `pen op`

Dit maakt de pen dikker of dunner. `verander pendikte met 3`

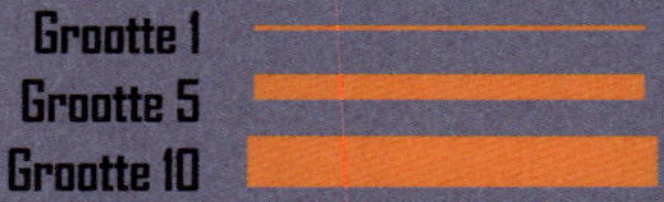

Hoe hoger het getal, hoe dikker de lijn.

Dit geeft de pen een bepaalde kleur. Klik eerst in dit venster... `maak penkleur` ...en klik dan ergens in het Scratch-venster om een kleur te kiezen.

Dit verandert de kleur. `verander penkleur met 10`

In Scratch heeft elke kleur een getal. Als je het getal wijzigt, verandert ook de kleur. Doe je dat vaker, dan krijg je een regenboogeffect.

Vormen maken

Je kunt ook geometrische vormen maken.

1 Verwijder het script van de vorige bladzijde. Start een nieuw script met de blokken hiernaast om het speelveld leeg te maken en de positie van je sprite te bepalen voordat je begint.

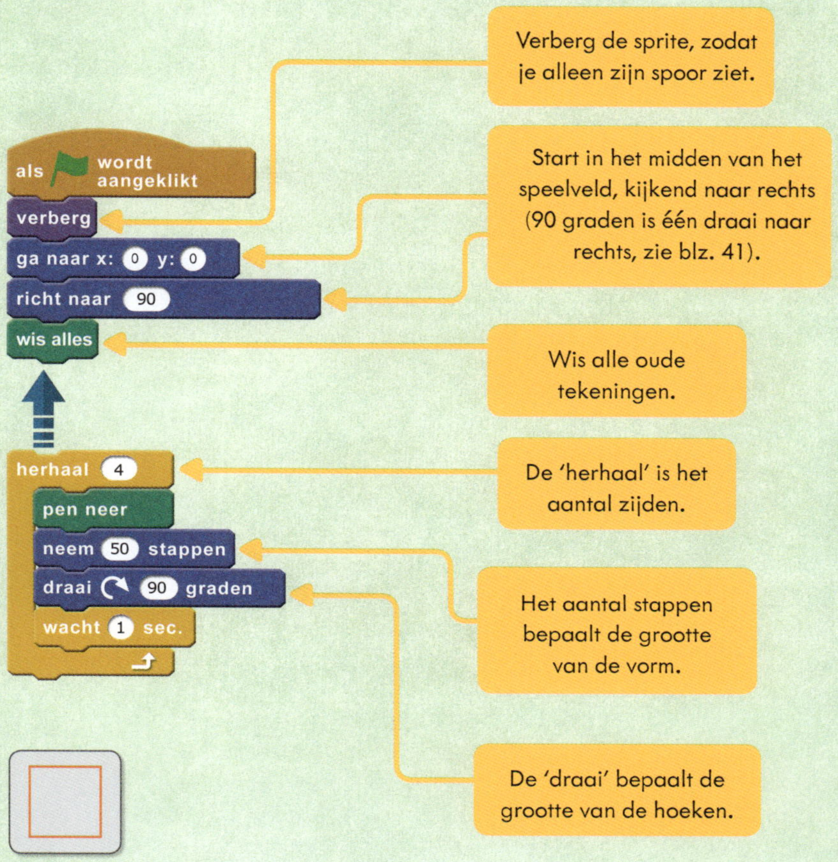

2 Met deze blokken kun je veel verschillende vormen tekenen (zie hieronder).

Met een **wacht**-blok kun je de sprite laten pauzeren na elke lijn, zodat je kunt zien wat je hebt gedaan.

Met een **herhaal** van 4 en een **draai** van 90 maak je een vierkant.

Als je verschillende vormen wilt maken, hoef je alleen maar de getallen in de loop te veranderen.

Met 'herhaal' 3 en 'draai' 120 maak je een driehoek.

Met 'herhaal' 6 en 'draai' 60 maak je een zeshoek.

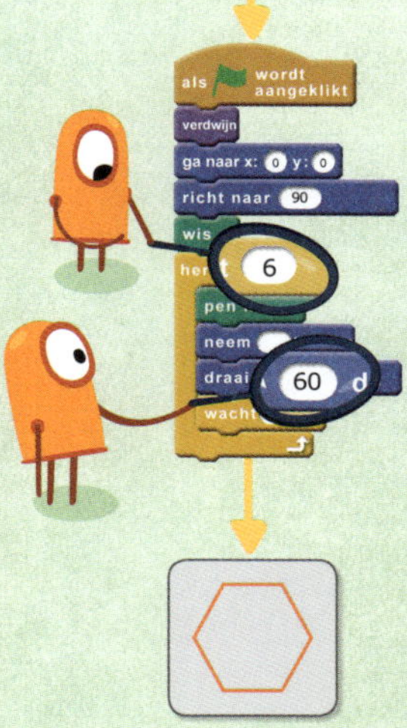

SAMENSMELTEN

Als je je 'herhaal' en 'draai' zo lang vermenigvuldigt tot 360, zal je vorm samensmelten (een volledige draai is 360 graden).

Vorm patronen

Als je een vorm telkens opnieuw wilt tekenen, zodat je een patroon krijgt, kun je het **wacht**-blok verwijderen en een extra loop toevoegen, zoals je hieronder ziet.

```
als [vlag] wordt aangeklikt
verdwijn
ga naar x: (0) y: (0)
richt naar (90 ▼)
wis alles
herhaal (12)
    herhaal (4)
        pen neer
        verander penkleur met (10)
        maak pendikte (3)
        neem (50) stappen
        draai ↻ (90) graden
    draai ↻ (30) graden
```

Voor een veelkleurig effect kun je een '**verander penkleur met**'-blok toevoegen.

Verander de lijndikte met het blok '**maak pendikte**'.

De **binnenste loop** tekent een vorm.

De **buitenste loop** zorgt dat de vorm wordt herhaald.

Als je op de vlag klikt, zou je dit moeten zien...

Door het aantal herhalingen en draaien te veranderen kun je heel verschillende patronen maken. Experimenteer en kijk wat je krijgt.

Als je de buitenste 'herhaal'- en 'draai'-waarden vermenigvuldigt tot je 360 hebt, zal het patroon helemaal rond worden. (360 graden is een cirkel.)

1 Buitenste loop: **herhaal** 10, **draai** 36
Binnenste loop: **herhaal** 3, **draai** 120

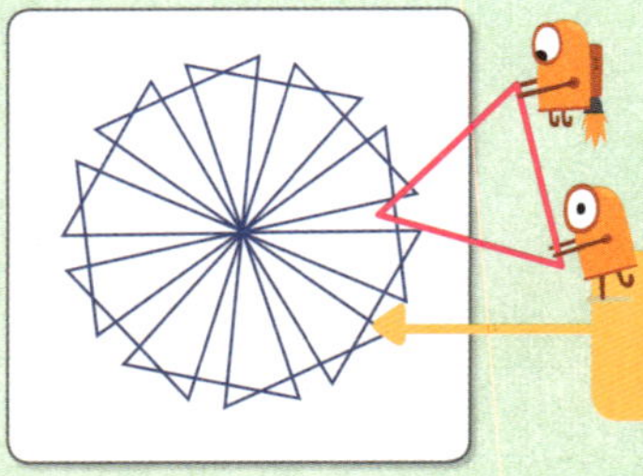

Deze driehoek wordt 10 keer herhaald.

2 Buitenste loop: **herhaal** 45, **draai** 8
Binnenste loop: **herhaal** 3, **draai** 120

3 Buitenste loop: **herhaal** 12, **draai** 30
Binnenste loop: **herhaal** 10, **draai** 36

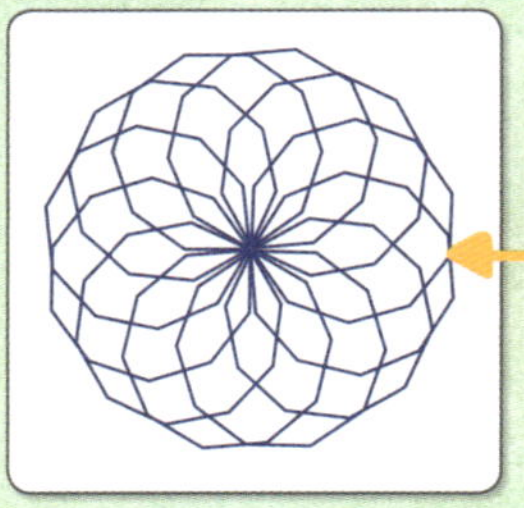

Vervang **verander penkleur met** door **maak penkleur** als je wilt tekenen met één enkele kleur.

Glijdende vormen

Met variabelen kun je glijdende besturingen maken, waarmee je de vormen sneller en gemakkelijk kunt laten veranderen.

1 Ga naar **Data** en selecteer 'Maak een variabele' (laat 'Voor alle sprites' aangevinkt). Maak twee nieuwe variabelen: **vormen** en **zijden**. Let erop dat de vensters naast de nieuwe variabelen aangevinkt zijn, zodat ze op het speelveld verschijnen.

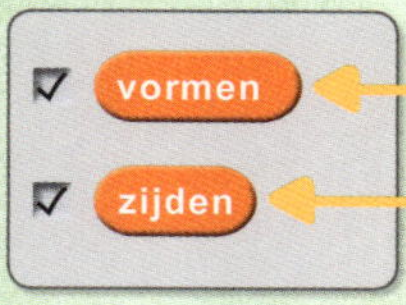

Dit bepaalt hoeveel vormen er in je patroon komen.

Dit bepaalt het aantal zijden van elke vorm.

2 Vervang de waarde van de buitenste **herhaal**-loop door een **vormen**-variabele, en die van de binnenste **herhaal**-loop door een **zijden**-variabele.

3 Vervang de waarden in de **draai**-blokken door **delen**-blokken in het menu **Functies** (zie blz. 36). In coderingen wordt het symbool / gebruikt voor 'delen' (÷).

Maak de binnenste draai 360 / zijden. Maak de buitenste draai 360 / vormen.

Als je vormen te groot worden, verminder dan het aantal stappen.

Dit zorgt ervoor dat elke vorm samensmelt.

Dit zorgt ervoor dat de vormen worden herhaald tot de cirkel rond is.

4 Verander je variabelen nu in sliders. Klik in het speelveld met rechts op **vormen** en selecteer 'schuif'. Klik nogmaals met rechts voor 'stel min en max van schuif in'. Hiermee kun je de slide gemakkelijker gebruiken. Doe hetzelfde voor de **zijden**.

Je kunt nu spelen met patronen door de sliders te verschuiven en op de groene vlag te klikken in plaats van je codering te hoeven veranderen.

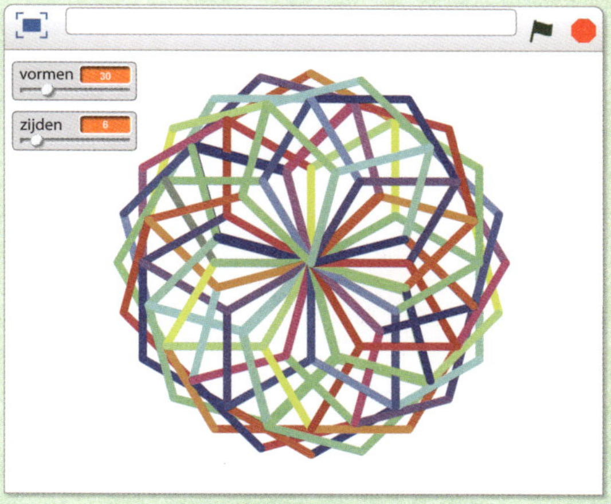

Zet met de sliders het aantal vormen tussen 1 en 100 en het aantal tussen 3 en 20 (je kunt geen vorm hebben met minder dan 3 zijden).

Er was eens...

Ontdek hoe je in Scratch tekenfilmpjes kunt maken met achtergronden, dialogen en verrassende wendingen.

Kies je karakters

1 Start een nieuw project en verwijder de kat. Klik nu op de **sprite**-knop om de **spritebibliotheek** te openen. Kies twee karakters uit door erop te klikken. Deze sprites verschijnen nu op het speelveld.

Voeg een achtergrond toe

2 Kies links van het **spriteveld** de button voor een nieuwe achtergrond. Klik erop om de **Achtergrondbibliotheek** te openen.

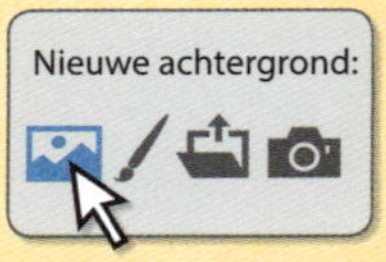

3 Scrol tot je de gewenste achtergrond hebt gevonden en dubbelklik erop om hem te selecteren. Hierin zal je verhaal beginnen.

Sleep de karakters om ze tegen de achtergrond te plaatsen.

Verstuur een bericht

Om je verhaal te kunnen laten bewegen moet je een nieuw blok gebruiken, een **'zend signaal'**-blok. Dat vind je in het menu **Gebeurtenissen**.

4 Selecteer Pico (of welke andere sprite als eerste moet praten) en geef hem een **groene vlag**-blok (in **Gebeurtenissen**). Voeg er vervolgens een **zeg**-blok aan toe (in **Uiterlijken**) en typ zijn tekst in het witte venster.

Hiermee krijg je tijd om het te lezen.

5 Ga naar het menu **Gebeurtenissen** en voeg een **zend signaal**-blok toe. Klik in het venster, selecteer 'nieuw bericht' en typ een naam in het pop-upvenster.

Wij noemen het bericht 'Giga 1', omdat het het eerste bericht is dat NAAR Giga wordt gestuurd.

VERZENDEN EN ONTVANGEN

In Scratch gebruiken we ZEND SIGNAAL-blokken om berichten (of signalen) van het ene script naar het andere te sturen. ONTVANG-blokken vangen een bericht op. Als het juiste bericht is ontvangen, wordt een nieuw script in werking gezet.

Een bericht ontvangen

6 Selecteer de andere sprite en geef deze een **ontvang**-blok. Voeg een **zeg**-blok toe en typ een antwoord.

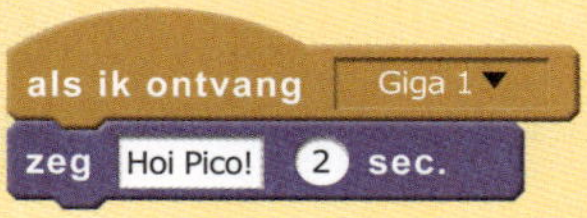

Kies het bericht waar de sprite op wacht in het dropdownmenu.

Test je scripts uit

7 Klik op de groene vlag om de scripts op dit moment uit te testen. Je moet zien dat Pico spreekt en dat Giga daarop antwoordt.

MESSAGING

Veel computertalen hebben een eigen manier om berichten tussen verschillende programmaonderdelen te versturen. Dit noemen we MESSAGING.

Een langer gesprek

8 Je kunt berichten heen en weer blijven sturen en zo een heel gesprek voeren. Geef elk bericht een nieuwe naam, dan raken ze niet door elkaar.

Eerste script voor Giga

```
als ik ontvang [Giga 1 ▼]
zeg [Hoi Pico!] (2) sec.
zend signaal [Pico 1 ▼]
```

Telkens als je een bericht aanmaakt, wordt dat toegevoegd aan deze dropdownlijst.

'Pico 1' is het eerste bericht, dat naar Pico wordt verstuurd.

Pico

Tweede script voor Pico

```
als ik signaal ontvang [Pico 1 ▼]
zeg [Laten we iets leuks doen] (2) sec.
zend signaal [Giga 2 ▼]
```

Dit is het tweede bericht, dat naar Giga wordt gestuurd.

PLANNING

Als hulp bij je gesprek zou je het als volgt kunnen schrijven:

P: Hallo Giga!
G: Hoi Pico!
P: Laten we iets leuks doen.
G: Ik heb een idee.

Dit is met name handig omdat in het SCRIPTVELD telkens de scripts van slechts één sprite worden weergegeven.

CODERING KOPIËREN

Als je merkt dat je telkens opnieuw dezelfde blokken gebruikt, kun je met rechts op een serie blokken klikken en die kopiëren.

Tweede script voor Giga

```
als ik signaal ontvang [Giga 2 ▼]
zeg [Ik heb een idee.] (2) sec.
zend signaal [Loop naar de maan ▼]
```

Dit bericht zal zorgen voor een verrassing... hieronder ontdek je welke.

Giga

Verander de achtergrond

9 Wil je de achtergrond veranderen, klik dan naast het **spriteveld** op de afbeelding van een landschap en kies een nieuwe achtergrond. Wij kozen 'moon' (maan).

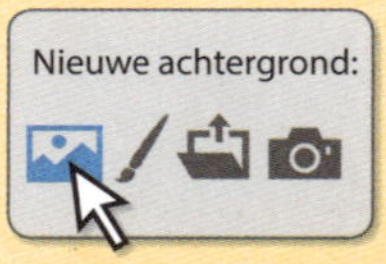

Nu moet je de computer vertellen wanneer hij de achtergrond moet veranderen...

10 Klik op **speelveld** links onder in het **spriteveld.** Hiermee kun je een script schrijven voor het speelveld.

11 Start een nieuw script met **als ik ontvang** en selecteer 'Loop naar de maan' (Giga's laatste bericht). Voeg een blok **verander achtergrond naar** toe (in **Uiterlijken**) en selecteer 'moon'.

Elke achtergrond die je toevoegt verschijnt in de dropdownlijst.

SCRIPTS VERBINDEN

Je kunt scripts verbinden aan het SPEELVELD of aan de SPRITES die je gebruikt (je kunt geen scripts toevoegen aan een achtergrond).

Reacties creëren

Als je de sprites wilt laten reageren op de verandering, maak je een nieuw script dat wordt getriggerd door de wijziging.

12 Selecteer Pico en start een nieuw script met **verander achtergrond naar.**

13 Om het allemaal niet te snel te laten verlopen, voeg je een **wacht**-blok toe. Voeg vervolgens een **verander uiterlijk naar**-blok toe (in **Uiterlijken**) om Pico verbaasd te laten kijken.

Selecteer je nieuwe achtergrond in het dropdownmenu.

UITERLIJKEN AANMAKEN

Vind je geen leuk uiterlijk, dan kun je er zelf een tekenen met de TEKENGEREEDSCHAPPEN (zie blz. 32).

1. Klik met rechts op een uiterlijk en kopieer het.

2. Ga nu naar de tab UITERLIJKEN en teken bovenaan je veranderingen.

Een einde maken

14 Je kunt wat meer dialogen en andere uiterlijken toevoegen om het verhaal af te sluiten.

Voeg nadat je de woorden hebt getypt een ander **zend signaal**-blok toe om de andere sprite te laten antwoorden.

Derde script voor Pico

```
verander achtergrond naar [moon ▼]
wacht (2) sec.
verander uiterlijk naar [pico-c ▼]
zeg [WAT? Hoe deed je dat?] (2) sec.
zend signaal [Giga 3 ▼]
```

```
zend signaal [Giga 3 ▼]
```

Wij kunnen overal verschijnen... dankzij een paar coderingsblokken.

SuperGiga

Derde script voor Giga

```
als ik ontvang [Giga 3 ▼]
zeg [Misschien ben ik vergeten je iets te vertellen.] (2) sec.
verander uiterlijk naar [giga-c ▼]
zeg [Ik heb superkrachten!] (2) sec.
```

In dit uiterlijk heeft Giga een brutale glimlach.

Debugging

Klik op de groene vlag om de animatie opnieuw te starten. Doe je dat tweemaal, dan zie je dat hij de tweede keer begint met de verkeerde uiterlijken en achtergrond.

DEBUGGEN

Het oplossen van problemen, of BUGS, heet in coderen DEBUGGING. Bijna niemand doet alles de eerste keer goed, dus daarom is debugging een belangrijke vaardigheid.

15 Je kunt dit oplossen door een extra script voor elke sprite en het speelveld te maken, zoals hiernaast.

Voeg dit script aan Pico toe...

```
als [groene vlag] wordt aangeklikt
verander uiterlijk naar [pico-a ▼]
```

...dit aan Giga...

```
als [groene vlag] wordt aangeklikt
verander uiterlijk naar [giga-a ▼]
```

...en dit aan het speelveld.

```
als [groene vlag] wordt aangeklikt
verander uiterlijk naar [slopes ▼]
```

Niemand is perfect.

Meer ideeën

Je kunt nog meer elementen aan je verhaal toevoegen door iets van de eerder geleerde codering te gebruiken. Je kunt...

...een soundtrack toevoegen (zie blz. 13)...

...een andere sprite toevoegen...

...of je eigen sprites laten groeien, krimpen of verdwijnen (zie blz. 19).

Achtergronden uploaden

Je kunt je karakters zelfs nog meer plaatsen laten onderzoeken door je eigen achtergronden te uploaden. Neem daarvoor een digitale foto of een andere afbeelding. Maar het moet wel een **.jpg**- of **.png**-bestand zijn dat maximaal **10MB** groot is.

1 Selecteer om een achtergrond te uploaden de hiernaast aangegeven button.

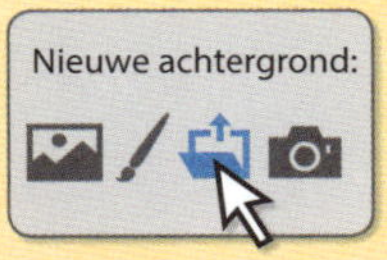

2 Zoek een bestand naar keuze, klik erop en druk op 'OK'. De nieuwe afbeelding verschijnt nu in de tab **Achtergonden.**

BESTANDSTYPEN EN -GROOTTEN

De letters achter een punt in een bestandsnaam geven aan wat voor TYPE bestand het is; .jpg en .png zijn allebei afbeeldingsbestanden.

De grootte van je bestanden wordt uitgedrukt in eenheden die we BYTES of MEGABYTES (MB) noemen; 1MB is ongeveer een miljoen bytes. Hoe groter het bestand, hoe meer ruimte het inneemt in het geheugen van je computer.

CROPPEN

Als je afbeelding niet precies past, blijft er een rand rond de hoeken van het speelveld over. Je kunt dit verhelpen door de afbeelding aan te passen of te CROPPEN voordat je ze uploadt. Gebruik hiervoor een bewerkingsprogramma, bijvoorbeeld Microsoft Paint, of een foto-editor.

Je eigen sprites tekenen

Met tekentools kun je je eigen sprites ontwerpen.
In dit hoofdstuk lees je hoe.

Beginnen met tekenen

Start een nieuw project en verwijder de kat. Klik op het **penseel** in het **spriteveld**, waarmee je de **tekentools** (zie hieronder) laat verschijnen.

Selecteer de gewenste tool door erop te klikken. Klik daarna in het scriptveld om te beginnen met tekenen.

Alles wat je tekent, verschijnt in het scriptveld (dat je tekenveld wordt) én op het speelveld.

Verander de modus

Scratch heeft twee tekenmodussen:

In de **Afbeeldingmodus** (waarin je begint) kun je goed uit de vrije hand tekenen.

In de **Vectormodus** kun je gemakkelijker fijne lijnen en nette vormen maken.

Wil je van modus veranderen, klik dan op de knop CONVERTEER NAAR VECTORAFBEELDING.

Afbeeldingmodus
Converteer naar vectorafbeelding

Vectormodus
Converteren naar afbeelding

TOOLS AFBEELDINGMODUS

staan links in het tekenveld

- Maak een lijn met de muis
- Maak een rechte lijn
- Maak een rechthoek
- Maak een ronde vorm
- Schrijf tekst
- Kleur een vorm
- Wissen
- Selecteer een veld
- Kopie maken

TOOLS VECTORMODUS

staan rechts van het tekenveld

- Selecteer een object
- Een object opnieuw vormen (door punten naar buiten te trekken)
- Maak een lijn met de muis
- Maak een rechte lijn
- Maak een rechthoek
- Maak een ronde vorm
- Schrijf tekst
- Kleur een vorm
- Kopie maken

MEER VECTORTOOLS

Als je begint met tekenen, verschijnen er extra tools.

- Een laag naar voren
- Een laag terug
- Groep

ALGEMENE TOOLS

Je vindt ze boven en onder het tekenveld.

Afbeeldingrobot

1 Klik op de tool **Kwast**, kies een dunne lijn en teken een omlijning. **Zoom in** om de details beter te kunnen zien.

2 Selecteer de tool **Met kleur vullen.** Klik op een kleur en daarna binnen een vorm om deze op te vullen. (Let erop dat je geen stukjes openlaat, anders overstroomt de kleur!) Klik op **Ongedaan maken** als je een fout hebt gemaakt.

3 Klik op de tool **Selecteer** om de grootte te veranderen. Klik en sleep in het scherm om een kader om je afbeelding te maken en maak de afbeelding vervolgens via de hoeken groter of kleiner.

Je sprite opslaan

Je kunt de nieuwe sprite op je computer opslaan of in je **Rugzak** bewaren (als je online een Scratch-account hebt), klaar voor gebruik in een project. Op blz. 80 lees je meer over opslaan.

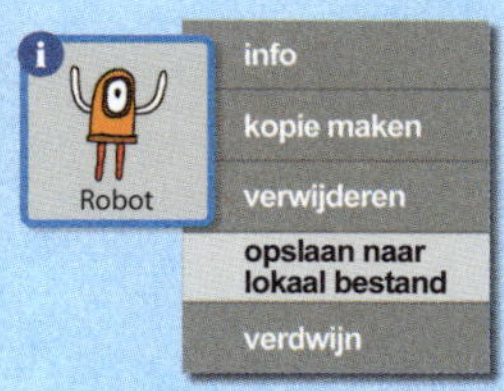

Vector-raceauto

1 Klik op de tool **Rechthoek** en selecteer de optie **Kleur een vorm**. Kies nu een kleur voor je auto.

2 Teken een grote rechthoek voor het chassis van de auto. Voeg een dunne rechthoek toe aan de voorzijde en een dikke aan de achterzijde van de auto, zoals je hier ziet.

3 Teken zwarte rechthoeken voor de voor- en achterwielen. Klik op de tool **Kopie maken** en daarna op de wielen om van beide een paar te maken. Met de tool **Selecteer** kun je ze op de juiste plek zetten.

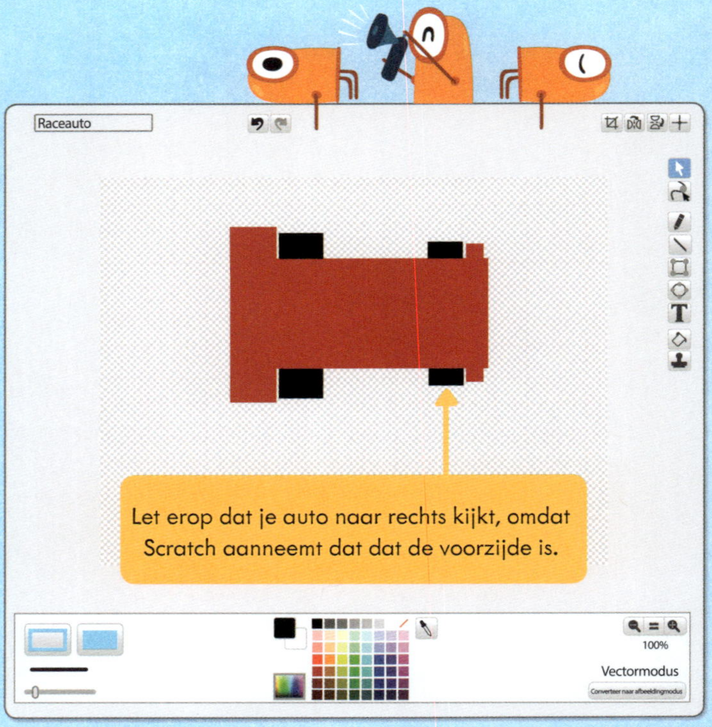

Details toevoegen

1 Je kunt nog meer rechthoeken toevoegen voor de cockpit en een spoiler. Met de tool **Kleur een vorm** kun je de kleur van elk onderdeel bepalen.

2 Je kunt ook een bestuurder maken met een ronde vorm die we een **ovaal** noemen. Met de **laag-knoppen** kun je vormen voor of achter elkaar zetten.

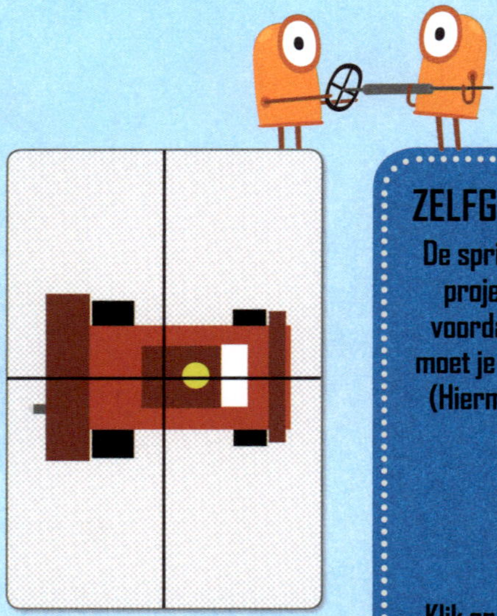

3 Ter afronding kun je een knalpijp aan de achterkant toevoegen.

Sla de afbeelding nu op, zodat je die later weer kunt gebruiken.

ZELFGEMAAKTE SPRITES GEBRUIKEN

De sprites op deze bladzijden kunnen in latere projecten nog vaker van pas komen. Maar voordat je een zelfgemaakte sprite gebruikt, moet je daar eerst het middelpunt van bepalen. (Hiermee kan de computer de sprite precies in het midden plaatsen.)

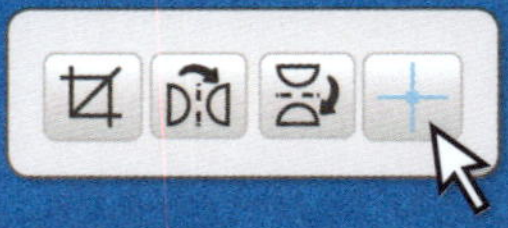

Klik op MIDDELPUNT VAN UITERLIJK BEPALEN. Je ziet op het scherm nu het centrum van het kruis als middelpunt van je uiterlijk.

Als je echter liever kant-en-klare sprites gebruikt, kun je die downloaden via Lannoo Scratch.

Vectormonster

1 Klik op de tool **Ovaal** en selecteer de optie **omlijning.** Kies nu een kleur voor je monster.

2 Begin met het tekenen van een grote cirkel voor het lichaam en een kleinere voor het hoofd. Met rechthoeken en cirkels kun je benen toevoegen.

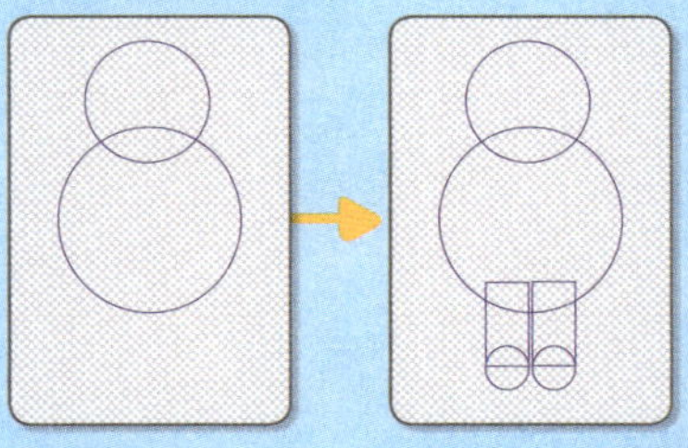

3 Selecteer de tool **Kleur een vorm** en kleur alle vormen in. Voeg een witte cirkel toe met een kleine zwarte erbovenop om een oog te maken.

4 Begin met een gele rechthoek om hoorns te maken. Klik op de tool **Opnieuw vormen** en sleep de hoeken tot een hoornvorm. Met de tool **Kopie maken** (rubberen stempel) kun je nog een hoorn maken. Klik daarna op **Links-rechts omdraaien** om de afbeelding te spiegelen.

5 Klik op de tool **Selecteer** en sleep elke hoorn naar de juiste plek. Ter afronding kun je met de tool **Potlood** nog een mond en armen toevoegen.

Sla de afbeelding op, zodat je die later weer kunt gebruiken.

LET OP!

Je kunt de afbeelding- en de vectormodus in dezelfde afbeelding gebruiken, maar als je een vectorafbeelding naar de afbeeldingmodus converteert, kunnen de lijnen rafelig worden. Zijn ze eenmaal geconverteerd, dan kunnen de lijnen niet meer worden aangepast, zelfs niet als je weer teruggaat naar de vectormodus.

Raad het getal

Laat de computer een geheim getal bepalen en probeer het zo snel mogelijk te raden.

Voor deze game moet je gebruikmaken van **Functieblokken**. Functies worden gebruikt om te 'functioneren' of dingen met variabelen uit te voeren – vooral wiskunde.

In Scratch zijn Functies altijd opgesloten in andere blokken, ze komen nooit zelfstandig voor.

FUNCTIES

Deze worden gebruikt om mee te rekenen:

( ) + ( )	Optellen
( ) - ( )	Aftrekken
( ) * ( )	Vermenigvuldigen
( ) / ( )	Delen

x en ÷ staan niet op toetsenborden, daarom gebruiken programmeurs de tekens * en /.

Hiermee kun je waarden vergelijken:

[ ] < [ ]	Kleiner dan
[ ] > [ ]	Groter dan
[ ] = [ ]	Is gelijk aan

Dit vertelt de computer dat hij een willekeurig getal uit een reeks moet kiezen, bijvoorbeeld tussen 1 en 10.

willekeurig getal tussen (1) en (10)

Willekeurig getal

Er is geen manier om erachter te komen welk getal wordt gekozen.

1 Start een nieuw project, verwijder de kat en kies een sprite. Ga nu naar het menu **Data** en maak een nieuwe variabele aan met de naam 'geheim getal'.

Nieuwe variabele

Variabele-naam: geheim getal

☐ geheim getal

Vink dit venster uit, zodat het geheime getal niet wordt weergegeven op het speelveld.

2 Vertel de computer dat het geheime getal aan het begin van elke game een willekeurige waarde moet zijn.

```
als [vlag] wordt aangeklikt
maak [geheim getal ▾] ( )
```

willekeurig getal tussen (1) en (10)

Sleep het Functie-blok naar het witte rondje. (Het witte rondje zal van vorm veranderen om het blok te kunnen ontvangen.)

Plan je codering

Wat nu volgt, is iets ingewikkelder. Voordat je doorgaat met coderen, kun je daarom beter eerst een plan maken. Hiervoor moet je precies uitzoeken wat je programma moet doen, bij elke gebeurtenis.

In dit geval betekent dat...

PLANNEN

Plannen is iets wat alle programmeurs doen. Hoe beter georganiseerd je bij de start bent, hoe minder bugs je uiteindelijk zult hebben.

Je kunt de opties uitschrijven in een stap-voor-stapdiagram of een stroomschema, zoals hieronder.

STROOMSCHEMA'S

Stroomschema's moeten altijd op dezelfde manier worden getekend, waarbij elke stap in een apart venster staat en verbindende pijlen aangeven welke richting je moet volgen.

Gebruik ovalen voor START en EINDE. Gebruik rechthoeken voor gewone stappen. Diamanten geven aan dat je een BESLISSING moet nemen.

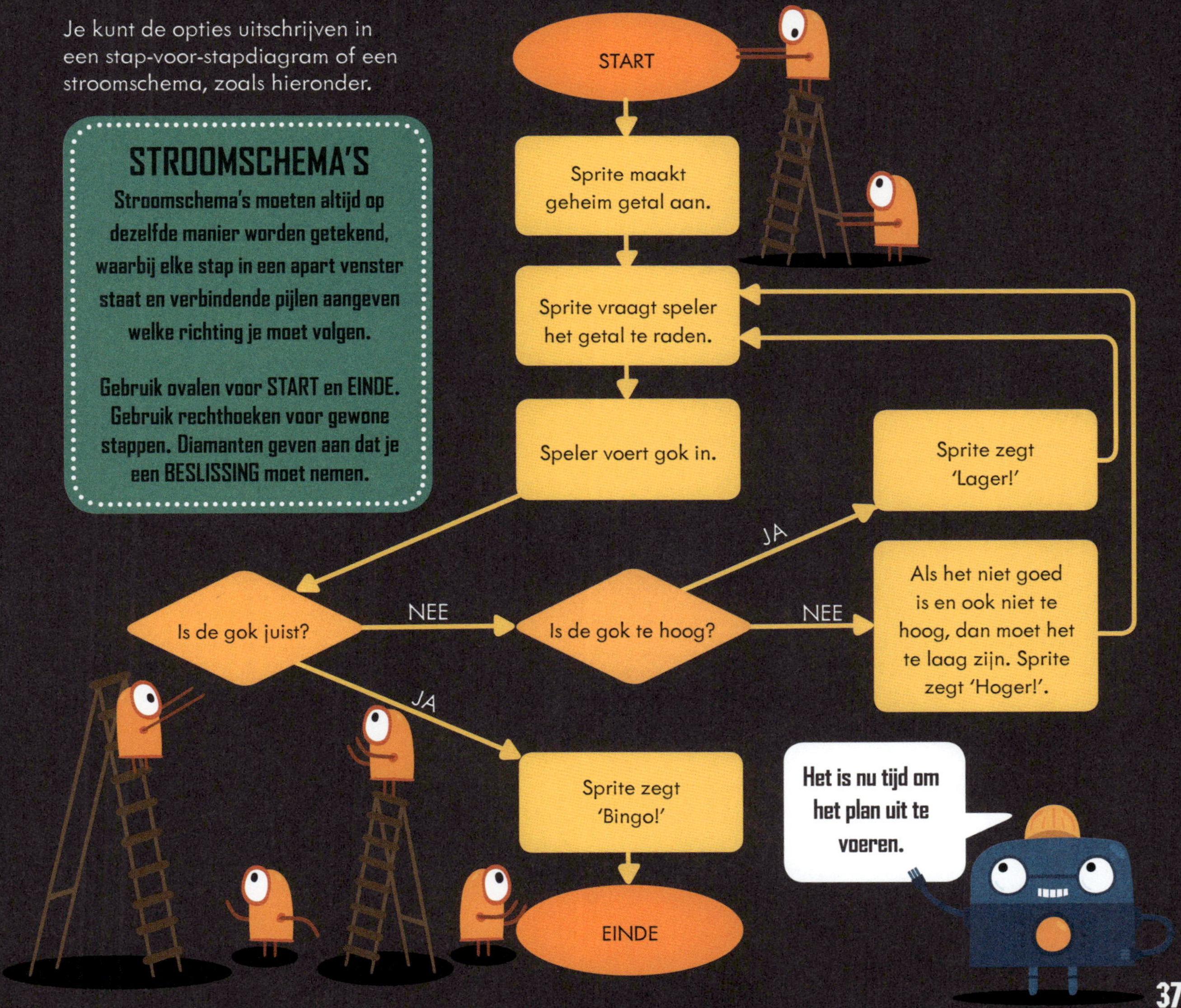

3 Neem een **vraag**-blok uit het menu **Waarnemen.** Klik op het witte venster en voer je vraag in.

Klik nu op het blok. Je ziet dat de sprite je vraag stelt, terwijl onderin een antwoordvenster verschijnt.

Wat je hier ook typt...

...het verschijnt uiteindelijk hier.

4 Neem een **is gelijk aan**-blok uit het menu **Functies.** Plaats het tussen een **antwoord**-blok (in **Waarnemen**) aan de ene kant en je 'geheim getal'-variabele aan de andere kant.

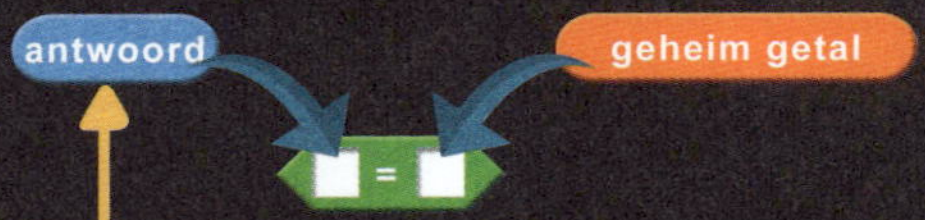

Antwoord is gewoon een andere variabele, waarin wordt opgeslagen wat je tijdens de game invoert in het **antwoordvenster.**

Wat er gebeurt als je het juist raadt, verschijnt hierin.

5 Plaats dit gecombineerde blok in een **als/dan**-blok. Je kunt nu beslissen wat er gebeurt als het antwoord goed is.

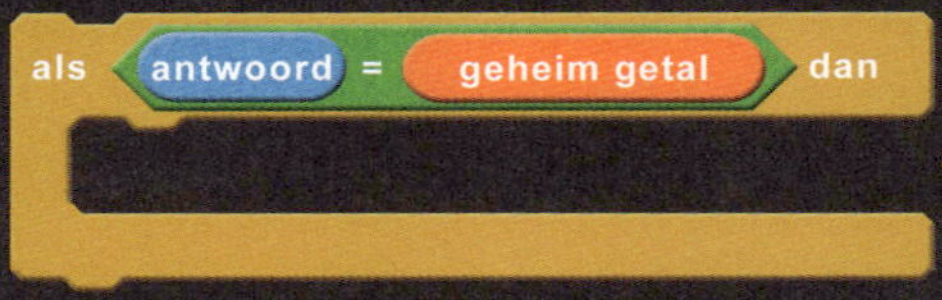

6 Voeg deze twee blokken toe om 'Bingo!' te kunnen zeggen en het spel te beëindigen als de gok overeenkomt met het geheime getal.

7 Als het antwoord fout is, gebruik dan een **als/dan**-blok om te zeggen of het geheime getal hoger of lager is.

Wat er gebeurt als je gok fout is, verschijnt hier.

Maak dit gecombineerde blok op dezelfde manier als hiervoor, maar gebruik het blok **minder dan** uit **Functies.**

```
als <(antwoord) < (geheim getal)> dan
    zeg [Hoger!] (2) sec.
anders
    zeg [Lager!] (2) sec.
```

Als het antwoord te laag is, zal de sprite 'Hoger!' zeggen.

Als het antwoord niet te laag is (en niet juist), dan moet het te hoog zijn: de sprite zegt daarom 'Lager!'.

8 Voeg een **herhaal**-loop toe om te beslissen hoeveel pogingen je hebt om het geheime getal te raden.

Combineer alle secties in één enkel script, zoals je hier ziet, en probeer het uit.

```
als [vlag] wordt aangeklikt
maak [geheim getal ▾] (willekeurig getal tussen (1) en (10))
herhaal (5)
    vraag [Raad een getal tussen 1 en 10.] en wacht
    als <(antwoord) = (geheim getal)> dan
        zeg [Bingo!] (2) sec.
        stop [alle ▾]
    als <(antwoord) < (geheim getal)> dan
        zeg [Hoger!] (2) sec.
    anders
        zeg [Lager!] (2) sec.
```

Deze herhaal-loop geeft 5 pogingen. Kijk hoe snel je het juiste antwoord weet te raden.

Vleermuis en bal

Je kunt twee sprites coderen om een vleermuis-en-bal-game te maken. Kijk hoe lang je de bal in de lucht kunt houden.

1 Start een nieuw project en verwijder de kat. Klik op de 'sprite'-knop om de spritebibliotheek te openen en voeg twee nieuwe sprites toe.

Dit wordt de vleermuis.

Codeer de vleermuis

2 Selecteer de vleermuis in het **spriteveld** en maak dit script om zijn positie te bepalen. Een lage y-coördinaat (hoogte) plaatst de vleermuis laag op het speelveld. Laat de x-coördinaat (links-rechts-positie) je muis volgen via **muis x** (in **Waarnemen**).

-150 is bijna op de bodem van het speelveld.

Als de muis van links naar rechts beweegt, zal de vleermuis hem volgen.

3 Om de vleermuis naar de bal te laten zoeken, neem je een **als/dan**-blok. Bepaal de voorwaarde als met een **raak ik?**-blok (in **Waarnemen**) en selecteer 'Ball' in het dropdownmenu.

4 Als de vleermuis de bal raakt, moet dat een reactie uitlokken. Voeg een **zend signaal**-blok toe (vanuit **Gebeurtenissen**) en plaats het gehele blok in je **herhaal**-loop, zoals hiernaast.

Selecteer 'nieuw bericht' in het dropdownmenu en typ 'keer om'.

Codeer de bal

5 Selecteer de 'ball'-sprite. Laat hem in het midden starten, gericht naar de vleermuis.

Selecteer 'Paddle', waardoor de bal in de richting van de vleermuis begint te bewegen.

6 Voeg een **herhaal tot**-loop toe om de bal in het spel te houden totdat je hem mist. Als je hem mist, zakt de **y-positie** tot onder -150, wat je kunt instellen met een **minder dan**-blok (in **Functies**).

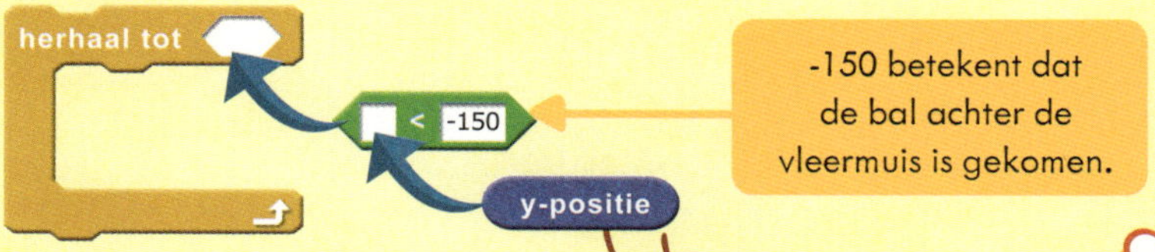

7 Plaats deze beide **Beweging**-blokken binnen de loop om de bal in beweging te houden en hem te laten omkeren als hij de rand raakt.

Voeg een **stop alle**-blok (vanuit **Besturen**) toe aan het eind van het spel als je hem mist.

8 Start om de bal te laten reageren op de vleermuis een nieuw script met **als ik ontvang**.

Als de bal de vleermuis heeft geraakt, moet hij omkeren. Laat hem van de vleermuis af bewegen via een **maak y**-blok en stuur hem in een andere richting via **richt naar** (beide vanuit **Beweging**). Met een **min**-blok (vanuit **Functies**) en een **richting-variabele** (**Beweging**) voltooi je het script.

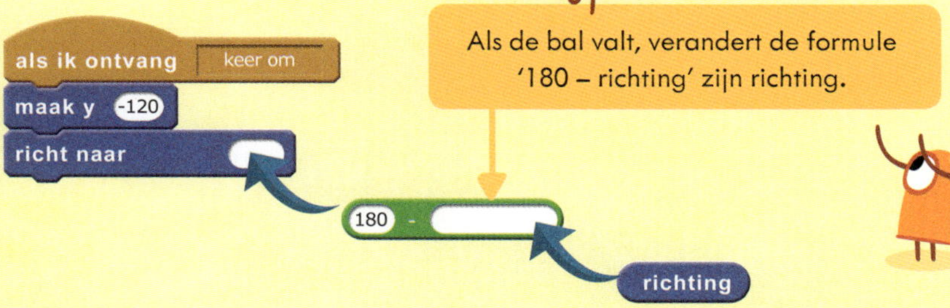

RICHTING

In Scratch bepaal je de richting met getallen die graden weergeven.

0 graden = omhoog

-90 graden = links 90 graden = rechts

180 graden = omlaag

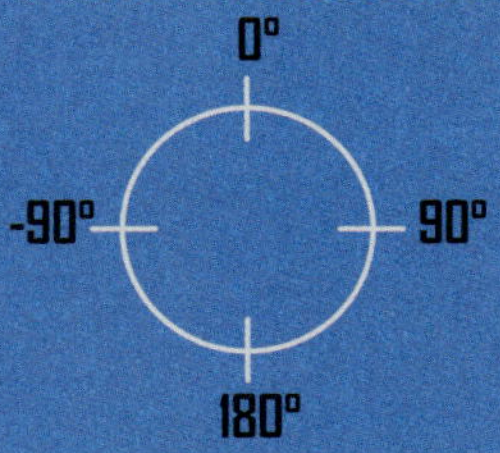

Probeer het uit

9 Test je codering. Hoe lang kun je de bal door het speelveld laten stuiteren?

Op de volgende bladzijde lees je hoe je de snelheid kunt veranderen en een 'Game over'-scherm kunt toevoegen.

Sneller gaan

Op deze bladzijden zie je hoe je de bal sneller kunt laten gaan en hoe je aan het eind een 'Game over'-scherm toevoegt.

Een variabele maken

Met een **variabele** laat je de snelheid van de bal toenemen telkens als hij de vleermuis heeft geraakt.

1 Selecteer het menu **Data** en klik op 'Maak een variabele' (laat 'Voor alle sprites' aangevinkt). Voer 'snelheid' in in het pop-upvenster. Er verschijnt een aantal nieuwe blokken met 'snelheid'-variabelen.

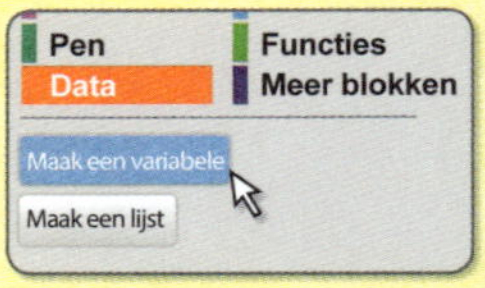

DATA VERWERKEN

Computers zijn heel goed in het verwerken van gegevens (data of informatie), zolang alles maar juist is gelabeld. Dat kun je op twee manieren doen: met VARIABELEN, zoals hier, of met LIJSTEN – waarover je kunt lezen op blz. 58.

De snelheid verhogen

2 Selecteer de bal-sprite. Stel zijn beginsnelheid in door een **maak variabele**-blok (vanuit **Data**) toe te voegen vlak voor de **herhaal**-loop in het hoofdscript.

Selecteer 'snelheid' in het dropdownmenu en voer een laag getal in om mee te starten.

3 Wil je de snelheid aanpassen aan de manier van bewegen van de bal, vervang dan het aantal stappen in het **neem stappen**-blok door een **snelheid**-variabele.

Probeer het spel uit. Hoe lang houd je het vol voordat de bal te snel wordt?

4 Voeg een **verander variabele**-blok toe aan het **als ik ontvang**-script (en selecteer 'snelheid' in het dropdownmenu), waardoor de bal telkens iets sneller gaat als hij wordt geraakt.

Game over

Als je wilt, kun je een 'Game over'-scherm toevoegen.

1 Selecteer de bal-sprite. Vervang het blok **stop alle** door een **zend signaal**-blok, waardoor de bal een bericht verstuurt als hij de bodem raakt.

Selecteer 'nieuw bericht' in het dropdownmenu en noem dit 'game over'.

Een 'Game over'-scherm maken

2 Maak nu een nieuwe sprite door op de **penseel**-knop te klikken. Je ziet nu de **teken-tools**.

Zie blz. 32 voor informatie over de TEKEN-tools.

3 Klik op de **T** (tekst-tool) en dan op het scherm. Kies een kleur uit het kleurenpalet en kies een lettertype uit het dropdownmenu links daarvan. Typ nu GAME OVER.

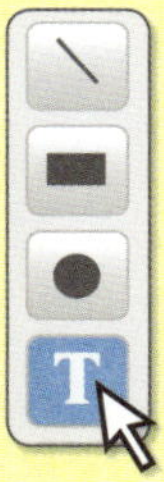

Klik op je tekst en vergroot via de hoeken het venster dat nu verschijnt om de tekstgrootte te wijzigen.

Het script toevoegen

4 Let erop dat de nieuwe **sprite** is geselecteerd in het **spriteveld** en ga naar **Uiterlijken**. Met een **verdwijn**-blok kun je de sprite verbergen als de game begint.

5 Maak nog een script, waarin je de sprite vertelt dat hij zichzelf moet weergeven als hij het bericht 'game over' ontvangt.

6 Voeg een **herhaal**-loop toe met daarin een **verander effect met**-blok en een **wacht**-blok om de sprite te laten flitsen. Sluit af met **stop alle**.

VERANDER DE KLEUREN

In Scratch heeft elke kleur een ander getal. Dus als je de getallen verandert, verander je ook de kleur.

Klonen en patronen

Je kunt identieke kopieën van sprites maken. Die noemen we klonen. Je kunt ze gebruiken om handige, zich herhalende patronen te maken.

1 Start een nieuw project, verwijder de kat en selecteer een eenvoudige sprite. Klik op **Kleiner maken** en daarna een paar keer op de sprite.

2 Begin met deze blokken om de sprite naar het midden te sturen, met het gezicht naar rechts, en wis het speelveld steeds als je op de groene vlag klikt.

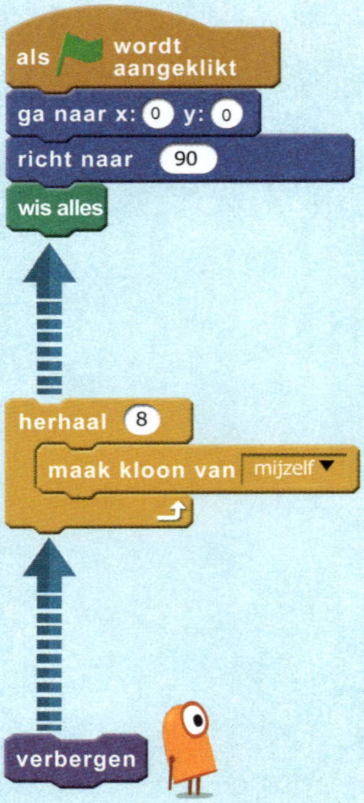

Klonen maken

3 Ga naar **Besturen** en maak een blok **maak kloon van** aan. Selecteer 'mijzelf' in het dropdownmenu. Plaats dit blok in een **herhaal**-loop om 8 identieke klonen te maken en voeg het toe aan het eind van je script.

KLONEN

Klonen zijn heel handig als je veel sprites wilt maken die allemaal hetzelfde doen. Je stuurt ze gezamenlijk aan via één enkel script.

4 Voeg nu een **verdwijn**-blok toe (vanuit **Uiterlijken**) waarmee je de originele sprite laat verdwijnen en je alleen de klonen ziet.

5 Om de klonen te kunnen besturen moet je ze nummeren. Begin bij 0 te tellen.

Ga naar **Data** en maak een nieuwe variabele met de naam 'nummer kloon' (selecteer 'Voor alle sprites' en verwijder het vinkje uit het venster, zodat het nummer niet op het speelveld verschijnt). Voeg nu meteen na de start een **maak variabele** toe, zoals hiernaast.

Je klonen besturen

1 Start een nieuw script met **als ik als kloon start** (in **Besturen**). Als ze verschijnen, volgen alle klonen deze instructies op – beginnend met een **verschijn**-blok (vanuit **Uiterlijken**).

2 Begin met het rangschikken van je klonen. Neem een blok **vermenigvuldigen** (vanuit **Functies**) en plaats daarin **nummer kloon.** Plaats het in een **draai graden**-blok (vanuit **Beweging**) en voeg een **neem**-blok toe.

3 Voeg een **verander variabele**-blok toe, waardoor elke extra kloon een nieuw nummer krijgt. Nu moeten ze nog tekenen...

4 Voeg onderaan een **herhaal**-loop toe met daarbinnen een **als/dan**-blok (beide vanuit **Besturen**). Bepaal de **als**-voorwaarde met **toets ingedrukt?** (vanuit **Waarnemen**) en selecteer 'pijltje omhoog'. Voeg vervolgens de blokken **neem stappen**, **stempel** (vanuit **Pen**) en **verander effect** (vanuit **Uiterlijken**) toe.

5 Voeg voor zijdelingse besturing nog twee **als/dan**-blokken toe aan de **herhaal**-loop. Plaats **toets ingedrukt?**-blokken voor de pijltjes rechts en links en voeg **draai**-blokken toe (vanuit **Beweging**), zoals hiernaast.

Klik ten slotte op de groene vlag om je script te proberen.

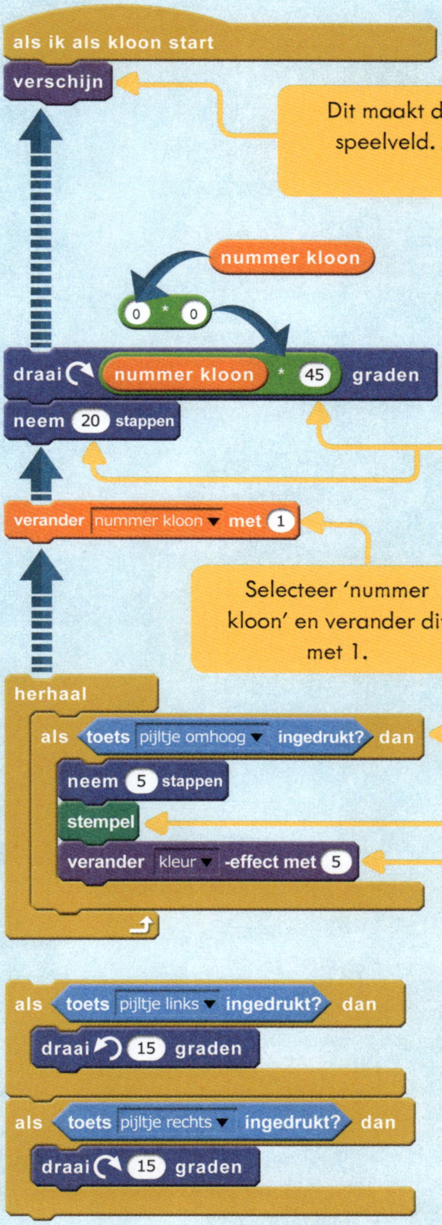

Dit maakt de klonen zichtbaar op het speelveld. Ze beginnen allemaal op dezelfde plek.

Tik 45 graden en 20 stappen in om van de klonen een ring te vormen, zoals hieronder.

Selecteer 'nummer kloon' en verander dit met 1.

Als je op 'pijltje omhoog' klikt, tekent elke kloon een lijn.

Hiermee 'stempel' je een afbeelding van elke kloon op het speelveld.

Kies 'kleur' om de kleur steeds te laten veranderen.

Een virtueel huisdier

Met Scratch kun je je eigen virtuele huisdier maken. Je moet het wel goed verzorgen!

Maak een huisdier

1 Start een nieuw project, verwijder de kat en kies een sprite uit als huisdier. Je kunt er ook zelf een tekenen of sprites gebruiken uit de gedeelde projecten van **Lannoo Scratch**. Vergeet niet zijn uiterlijken mee te nemen (zie ook de lijst rechts).

2 Voeg een achtergrond toe om je huisdier een thuis te geven. Je kunt er een van jezelf uploaden of er een gebruiken uit de gedeelde projecten van **Lannoo Scratch**.

3 Om zeker te weten dat je huisdier in het juiste uiterlijk begint en op de juiste plaats, gebruik je een **groene vlag**, gevolgd door **verander uiterlijk naar** (vanuit **Uiterlijken**) en **ga naar** (vanuit **Beweging**).

```
als [groene vlag] wordt aangeklikt
verander uiterlijk naar [monster 1 ▾]
ga naar x: (0) y: (0)
```

Dit is het 'normale' uiterlijk.

Hiermee stuur je je huisdier naar het midden.

WAT HEB JE NODIG

Om je huisdier te kunnen verzorgen heb je al deze sprites nodig:

- Huisdier
- Luidspreker (met 2 uiterlijken)
- Veer
- Voederbak

Je huisdier heeft deze uiterlijken nodig:

- Normaal
- Dansend x 2
- Etend
- Slapend
- Giechelend/gekieteld worden x 2

Een volledige set sprites en uiterlijken voor dit project vind je in de gedeelde projecten van **Lannoo Scratch**.

Etenstijd

1 Voeg nog een sprite toe in de vorm van voedsel voor je huisdier. Sleep het naar een hoek van het speelveld. Noteer zijn coördinaten (die staan onder in het speelveld) voor stap 3 op de volgende bladzijde.

Het uiterlijk van 'etend' moet overeenkomen met het voedsel dat je hebt gekozen.

2 Selecteer het voedsel in het **spriteveld**, ga naar **Gebeurtenissen** en maak dit script aan. In het blok **zend signaal** selecteer je 'nieuw bericht' dat je de naam 'kom eten' geeft.

```
als op deze sprite wordt geklikt
zend signaal [kom eten ▼]
```

Dit vertelt je huisdier dat het moet komen eten.

3 Selecteer je huisdier in het **spriteveld** en start een nieuw script met **als ik ontvang**. Voeg een **schuif in**-blok toe (vanuit **Beweging**) om je huisdier naar het voedsel te laten gaan.

```
als ik ontvang [kom eten ▼]
schuif (2) sec. naar x: (-61) y: (62)
```

Selecteer 'kom eten' in het dropdownmenu.

Voer de coördinaten in waar je het voedsel hebt neergezet.

4 Als je huisdier bij het eten komt, kun je met een **verander uiterlijk naar**-blok laten zien dat hij eet. Je kunt ook nog een **zeg**-blok en een geluid toevoegen. (Vergeet niet het geluid te selecteren in de **Geluidenbibliotheek** en **start geluid** toe te voegen.)

```
als ik ontvang [kom eten ▼]
schuif (2) sec. naar x: (-61) y: (62)
verander uiterlijk naar [etend ▼]
start geluid [tjomp ▼]
zeg [Mmmmm!] (2) sec.
verander uiterlijk naar [monster 1 ▼]
schuif (2) sec. naar x: (0) y: (0)
```

Kies het uiterlijk 'etend' in het dropdownmenu.

5 Keer nu terug naar het originele uiterlijk van het huisdier en stuur het terug naar zijn beginpositie.

Test je codering door op de groene vlag te klikken en daarna op het eten.

Je kunt met de muis over een sprite op het speelveld bewegen om zijn x- en y-coördinaten te checken.

Kietelen

1 Voeg een andere sprite toe om je huisdier te kietelen, bijvoorbeeld een veer. Sleep die naar een andere hoek van het speelveld.

2 Selecteer de veer in het **spriteveld**, ga naar **Gebeurtenissen** en maak dit script aan. Selecteer 'nieuw bericht' in het blok **zend signaal** en noem dit 'kietelen'.

```
als op deze sprite wordt geklikt
zend signaal [kietelen ▼]
```

3 Ga terug naar je huisdier en start een nieuw script met **als ik ontvang**, gevolgd door **schuif in.** Hiermee laat je je huisdier naar de veer toe gaan. Voeg daarna een blok **verander uiterlijk naar** toe.

4 Voeg een lach toe met **start geluid**, vervolgens **wacht** en nogmaals **veranderlijk uiterlijk naar.** Voeg nu aan het origineel nog een lach toe, vervolgens **wacht** en **veranderlijk uiterlijk naar.** Stuur je huisdier nu terug naar het begin.

```
als ik ontvang [kietelen ▼]
schuif in (1) sec. naar x: (-100) y: (-96)
verander uiterlijk naar [giechel monster 1 ▼]
start geluid [laugh-female ▼]
wacht (1) sec.
verander uiterlijk naar [giechel monster 2 ▼]
start geluid [laugh-female ▼]
wacht (1) sec.
verander uiterlijk naar [monster 1 ▼]
schuif in (1) sec. naar x: (0) y: (0)
```

Kies het bericht dat je hebt aangemaakt in stap 2.

Stel coördinaten in die ongeveer overeenkomen met de plaats waar je de veer hebt neergezet.

Met twee 'giechel'-uiterlijken lijkt het alsof het monster beweegt als het lacht.

Laten we dansen

1 Voeg een muzieksprite toe om te kunnen dansen. Wij tekenden een speaker en voegden daar een extra uiterlijk met 'geluidslijnen' aan toe. Sleep hem naar weer een andere hoek van het speelveld.

2 Selecteer de speaker in het spriteveld en start een nieuw script zoals hiernaast.

```
als [vlag] wordt aangeklikt
verander uiterlijk naar [speaker ▼]
```

Dit zorgt ervoor dat de speaker begint zonder muzieklijnen.

3 Houd de speaker geselecteerd en start een ander script om een nieuw bericht te sturen, genaamd 'kom dansen'.

```
als op deze sprite wordt geklikt
zend signaal [kom dansen ▼]
```

Dit bericht start het dansen en de muziek.

4 Voeg voor de muziek een **start geluid**-blok toe en kies wat muziek uit de **Geluidenbibliotheek** hier: 'drum machine'). Verstuur ten slotte het bericht 'stop dansen'.

```
start geluid [drum machine ▼] tot einde
zend signaal [stop dansen ▼]
```

Door dit bericht stopt het dansen.

5 Om te tonen dat de speaker speelt, start je een ander script met **als ik ontvang**, gevolgd door een **herhaal**-loop, maar je kunt ook de blokken **wacht** en **verander uiterlijk** wijzigen.

```
als ik ontvang [kom dansen ▼]
herhaal
    wacht (0.5) sec.
    verander uiterlijk naar [speaker aan ▼]
    wacht (0.2) sec.
    verander uiterlijk naar [speaker ▼]
```

Selecteer 'kom dansen'.

Switch naar het uiterlijk met geluidslijnen...

...en keer dan terug naar het originele uiterlijk.

6 Voeg een kort script toe zoals hiernaast om de muziek en het dansen tegelijk te laten stoppen.

```
als ik ontvang [stop dansen ▼]
verander uiterlijk naar [speaker ▼]
stop [andere scripts in sprite ▼]
```

Hierdoor stopt alle codering van deze sprite.

7 Selecteer je huisdier in de spritelijst om het te laten dansen en maak een nieuw script zoals hiernaast. Plaats een **herhaal**-loop rond de blokken **verander uiterlijk naar** om het dansen te laten beginnen.

```
als ik ontvang [kom dansen ▼]
herhaal
    verander uiterlijk naar [dansen 1 ▼]
    wacht (0.2) sec.
    verander uiterlijk naar [dansen 2 ▼]
    wacht (0.2) sec.
    verander uiterlijk naar [monster 1 ▼]
```

8 Maak als laatste een kort script aan zoals hiernaast om het dansen tegelijk met de muziek te laten stoppen. Test je codering door op de speaker te klikken.

```
als ik ontvang [stop dansen ▼]
verander uiterlijk naar [monster 1 ▼]
stop [andere scripts in sprite ▼]
```

Hierdoor stopt alle codering die aan deze sprite hangt.

LET OP: als je je huisdier twee dingen tegelijk vraagt te doen, kan hij in verwarring raken. Gebeurt dat, klik dan op de groene vlag om opnieuw te beginnen.

Bedtijd

1 Wil je je huisdier ter plekke in slaap laten vallen, selecteer het dan in het **spriteveld** en start een nieuw script met **wanneer ingedrukt**. Voeg dan **verander uiterlijk naar** toe en selecteer 'monster slapend'.

```
wanneer [spatiebalk ▼] wordt ingedrukt
verander uiterlijk naar [monster slapend ▼]
```

Wij kozen de spatiebalk, maar je kunt elke toets kiezen In het dropdownmenu.

2 Als je je huisdier wilt laten snurken, voeg dan een **herhaal**-loop toe met **start geluid-** en **zeg**-blokken, zoals hiernaast.

Sluit af met **verander uiterlijk naar** om het weer wakker te maken.

```
herhaal (4)
    start geluid [alien creak ▼]
    zeg [Zzzzzzzzz] (2) sec.
verander uiterlijk naar [monster slapend ▼]
```

Wij kozen het geluid 'alien creak 1'. Het lijkt op snurken, maar je kunt ook je eigen geluid opnemen.

Test je codering door op de spatiebalk te drukken.

Geef je huisdier een stem

1 Om je huisdier een geluid te laten maken als je erop klikt, selecteer je de 'huisdier'-sprite en start je een nieuw script met **als op deze sprite wordt geklikt**.

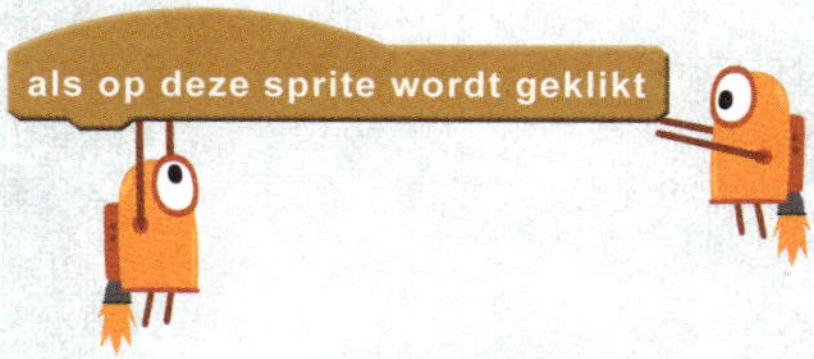

2 Ga naar **Data** en maak een nieuwe **variabele** met de naam 'geluid' (maak hem 'Voor alle sprites' en verwijder het vinkje uit het venster om de variabele niet op het speelveld te laten verschijnen). Neem nu een blok **maak variabele** en plaats dit in een **willekeurig getal tussen**-blok (vanuit **Functies**).

Je kunt door het scriptveld scrollen als er te veel codering is om in één keer te kunnen zien.

3 Neem voor elk geluid een apart **als/dan-**blok. Bepaal de voorwaarde met een **is gelijk aan**-blok (vanuit **Functies**), zodat het geluid klinkt als je een bepaald willekeurig getal krijgt.

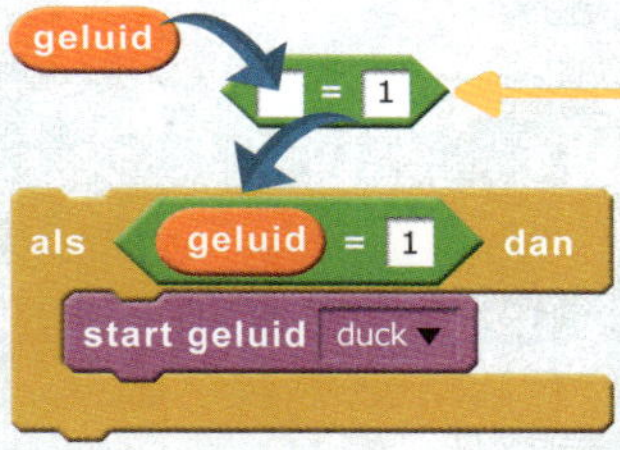

De getallen staan voor de verschillende geluiden die je huisdier kan maken.

4 Als je wilt, kun je het geluid 'vertalen' door ook een **denk-**blok toe te voegen (vanuit **Uiterlijken**).

GELUIDEN TOEVOEGEN

Je kunt een eigen geluid opnemen of er een gebruiken uit de bibliotheek. Onthoud dat je elk nieuw geluid eerst aan de Geluidenbibliotheek moet toevoegen voordat je het kunt afspelen.

5 Voeg een paar andere geluiden toe, zoals hiernaast. Test je codering door een paar keer op je huisdier te klikken.

Dit bereik moet overeenkomen met het aantal geluiden dat je hebt toegevoegd.

Geef elk geluid een nummer.

STARTPAKKET

Je kunt ons huisdier ontmoeten in de gedeelde projecten van **Lannoo Scratch**.

Games

Als je de basics van Scratch eenmaal onder de knie hebt, kun je je eigen programmeervaardigheden in praktijk brengen met deze games voor gevorderden. De games bouwen voort op wat je eerder hebt gedaan. Zorg dus dat je het voorgaande deel goed hebt doorgenomen voordat je begint.

Snelle auto's

Maak een raceauto en een circuit, met een bord waarop je rondetijden worden weergegeven.

Ontwerpfase

1 Start een nieuw project en verwijder de kat. Ontwerp eerst het circuit. Ga naar **Nieuwe achtergrond** (onder het speelveld) en klik op het **penseel** om de **tekentools** te laten verschijnen.
Met de **verfpot** kun je het speelveld groen maken. Gebruik een dikke grijze **kwast** om het circuit te tekenen. Met een dun penseel in een andere kleur teken je de finishlijn.

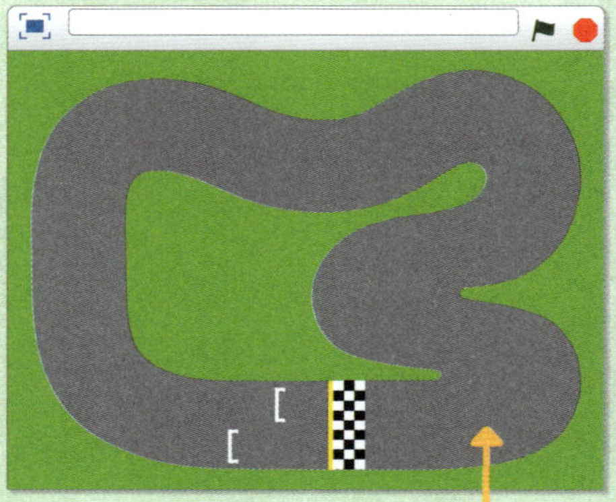

TEKEN HET CIRCUIT

Voor tips over het gebruiken van de tekentools, kun je terugbladeren naar blz. 32. Je kunt ook een startpakket downloaden met kant-en-klare trajecten en auto's via **Lannoo Scratch**.

Op een breed circuit kun je gemakkelijker rijden, maar bochten blijven gevaarlijk.

2 Ga naar de auto-sprite die je hebt gemaakt op blz. 34 en voeg deze toe. (Heb je een Scratch-account, sleep hem dan uit je **Rugzak**. Zo niet, ga dan naar 'Nieuwe sprite' en klik op de afbeelding van de map om de sprite vanaf je computer te uploaden.) De auto verschijnt zowel op het speelveld als het spriteveld.

In beeld

3 Verklein en sleep de auto naar de start (hij moet voor de lijn staan, maar mag die niet raken). Klik op de knop 'i' op de auto in het **spriteveld**. Met de 'draaier' zet je hem in de juiste richting. Noteer de waarden van **x, y** en **richting.**

Dit is de draaier. Als je de blauwe lijn beweegt, zal je auto bewegen.

Start een script met het **groene vlag**-blok. Voeg de blokken **richt naar** en **ga naar** toe (beide vanuit **Beweging**) en voer de getallen in die je hebt genoteerd.

Dit zorgt ervoor dat je auto in de juiste richting staat.

Deze coördinaten zorgen dat de auto op de juiste plaats start.

De klok starten

4 Om je rondetijd te meten ga je naar het menu **Data** en selecteer je 'Maak een variabele'. Noem de nieuwe variabele 'rondetijd'.

5 Sleep een **maak variabele**-blok naar het scriptveld en selecteer 'rondetijd' in het dropdownmenu. Plaats een **tijdklok** (vanuit **Waarnemen**) in het witte cirkeltje.

6 Plaats er een **herhaal**-loop omheen. Bepaal de voorwaarde met **raak ik kleur**, waardoor de tijdklok blijft tellen tot je over de finish komt.

Om de kleur te selecteren klik je in het gekleurde hokje en vervolgens op je finishlijn.

7 Voeg onder aan het script de **herhaal**-loop van stap 3 toe. Voeg vervolgens meteen na de start een **zet tijdklok op nul**-blok (vanuit **Waarnemen**) toe. Dit zorgt ervoor dat de tijdklok altijd vanaf nul begint te tellen.

Besturen

8 Je kunt de auto besturen met de pijltjestoetsen. Ga naar het menu **Waarnemen** en selecteer een blok **toets ingedrukt?**.

Plaats dit binnen een **als/dan**-blok en selecteer 'pijltje rechts' in het dropdownmenu. Voeg nu een **draai rechts**-blok in (vanuit **Beweging**).

Herhaal dit met een tweede **als/dan**-blok en selecteer 'pijltje links' en een **draai links**-blok.

Plaats beide **als/dan**-blokken binnen de **herhaal**-loop (onder **verander rondetijd**) uit stap 7.

10 graden laat de auto geleidelijk draaien, waardoor hij makkelijker te besturen is.

Je kunt het hele script zien op blz. 57.

De snelheid verhogen

9 Om de snelheid van de auto te regelen heb je een andere **variabele** nodig. Noem deze 'snelheid' en verwijder het vinkje uit het venster zodat de variabele niet wordt getoond. Voeg aan de start een blok **maak variabele** toe, zodat hij vanaf 0 begint.

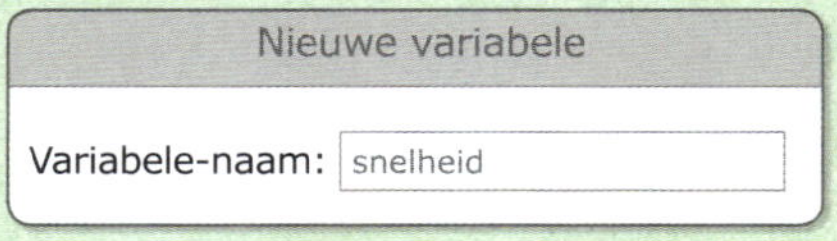

10 Neem een **als/dan-** en een **toets ingedrukt?**-blok, maar selecteer deze keer 'pijltje omhoog'. Met **verander variabele** kun je de snelheid verhogen als deze toets wordt ingedrukt.

Hiermee wordt de snelheid telkens met 1 verhoogd.

Langzamer rijden

Raceauto's verhogen niet alleen hun snelheid, ze kennen ook een effect dat 'weerstand' heet, waardoor ze langzamer gaan rijden. Je ondervindt altijd weerstand, ook als je op een racebaan rijdt, maar nog veel meer als je over het gras rijdt...

GELEIDELIJK AFREMMEN

Een handig trucje om langzamer te gaan dat vaak in games wordt gebruikt, is de snelheid VERMENIGVULDIGEN met MINDER DAN 1. Hierdoor wordt de snelheid geleidelijk verminderd, wat een realistische manier van remmen is. Het is een goede manier om de effecten van weerstand te verhullen (zie ook blz. 69).

11 Neem een **als-dan-anders-**blok en bepaal de voorwaarde 'als' met **raak ik kleur?** om vast te stellen of de auto van de weg raakt.

Plaats vervolgens een **verander snelheid**-blok zoals hiernaast, met 'maak snelheid snelheid * 0.5' (met een **vermenigvuldig**-blok uit **Functies**). Hiermee voeg je weerstand toe.

Klik om de kleur in te stellen in het hokje en dan op je achtergrond.

0.5 zorgt voor een vrij sterke weerstand.

12 Als de auto op de weg rijdt, moet er minder weerstand zijn. Stel de snelheid onder 'anders' in zoals hiernaast, dus met 'maak snelheid snelheid * 0.8'. Plaats dan een blok **neem stappen** en voeg 'snelheid' toe.

Plaats het gehele blok binnen de **herhaal**-loop van stap 7.

Een hoger getal zorgt voor een zwakkere weerstand.

Hiermee vertelt de snelheid-variabele hoe ver hij moet gaan.

13 Je kunt na afloop ook een geluid onder de loop toevoegen, om te vieren dat je bent gefinisht.

Klaar? Af!

14 Klik op de groene vlag om het spel te beginnen en kijk hoe snel je het circuit kunt afleggen. Als het niet kan, moet er een bug in de codering zitten. Controleer het daarom met onderstaand script.

VEEL BLOKKEN

Nu je scripts langer en ingewikkelder worden, is het soms moeilijk te volgen wat er gebeurt. Let erop dat je de blokken altijd op volgorde leest, van boven naar beneden en van links naar rechts – net als je computer.

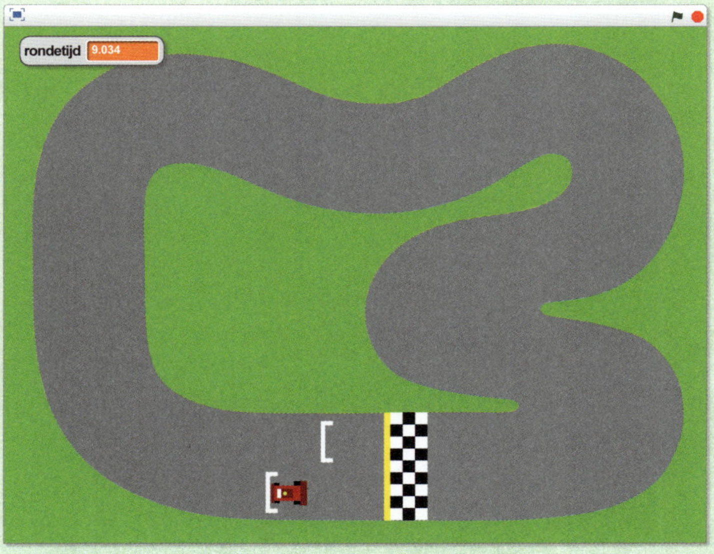

Lijst rondetijden

1 Je kunt ook je rondetijden bijhouden. Voeg als eerste een **zend signaal**-blok toe na het **start geluid**-blok van stap 13. Hiermee wordt een boodschap verstuurd als je een ronde hebt afgelegd.

Kies 'nieuw bericht' in het dropdownmenu en typ 'gefinisht'.

2 Start nu een nieuw script met 'als ik ontvang'. (Dit wordt geactiveerd als je over de finish komt.)

Selecteer 'gefinisht' in het dropdownmenu.

3 Je moet een lijst maken waarin je de tijden kunt opslaan. Ga naar **Data** en selecteer 'Maak een lijst'. Noem de lijst 'rondetijden' en verwijder het vinkje, zodat het venster tijdens de game niet op het scherm wordt weergegeven.

4 Om de rondetijden toe te voegen aan de lijst neem je een **voeg... toe aan**-blok (vanuit **Data**). Plaats de **rondetijd**-variabele binnen het witte venster en kies 'rondetijden' in het dropdownmenu.

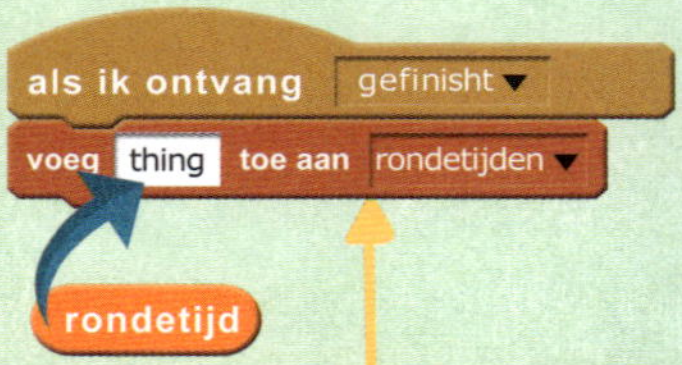

Elke nieuwe rondetijd wordt vanaf nu toegevoegd aan de lijst.

5 Voeg nu een **toon lijst**-blok toe aan je nieuwe script en selecteer nogmaals 'rondetijden' vanuit het dropdownmenu. Hiermee wordt de lijst getoond als de game is afgelopen.

6 Om de lijst te verbergen als je een nieuwe ronde start, neem je nog een **groene vlag**-blok en voeg je een **verberg lijst**-blok toe (vanuit **Data**), zoals hiernaast.

LANGE LIJSTEN

Er zijn twee hoofdmanieren om informatie voor computers te organiseren, VARIABELEN (zie blz. 10) en LIJSTEN. Een variabele kan slechts één stukje informatie afhandelen, een lijst elke hoeveelheid.

De lijst groepeert en rangschikt items, zodat de computer ze kan terugvinden. Heb je een lange lijst, dan kun je die sorteren – bijvoorbeeld van hoog naar laag – zodat je computer dingen sneller kan vinden.

Wie is de snelste?

Als je wilt, kun je behalve de rondetijden ook spelersnamen opnemen, zodat je je vrienden kunt uitdagen om te kijken wie het snelst is.

1 Maak een nieuwe lijst, 'namen'.

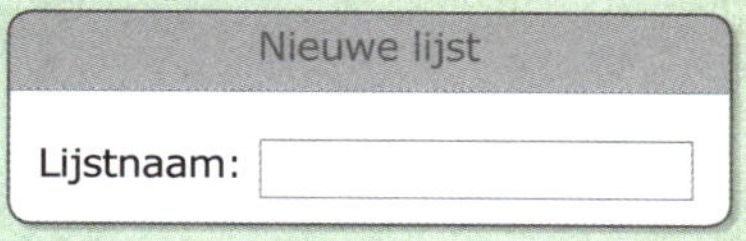

2 Neem een **vraag**-blok (vanuit **Waarnemen**) en plaats dat onder **als ik ontvang** (vanuit stap 2 op de vorige bladzijde). Hierdoor wordt na elke ronde de naam van de speler gevraagd.

Wat de speler invoert, wordt opgeslagen als een variabele met de naam 'antwoord'.

3 Neem een **antwoord**-variabele (vanuit **Waarnemen**) en plaats die binnen een **voeg ... toe aan**-blok (vanuit **Data**). Selecteer 'namen' in het dropdownmenu en plaats dit hele blok onder het **vraag**-blok.

Selecteer een lijst in het dropdownmenu.

4 Voeg nog een **toon lijst**-blok toe waarmee je de namen naast de rondetijden plaatst. Je script moet er nu uitzien zoals hiernaast.

5 Voeg ten slotte nog een **verberg lijst**-blok toe aan het script van stap 6 op de vorige bladzijde. Dit zorgt ervoor dat beide lijsten worden verborgen als je aan een nieuwe ronde begint.

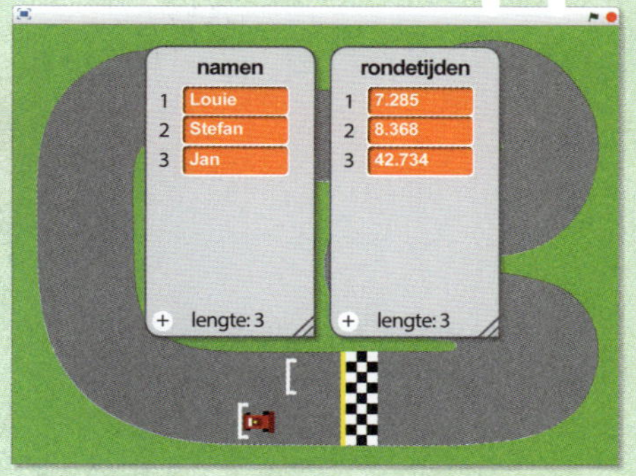

Avontuur in de ruimte

In deze game bestuur je een ruimteschip door de ruimte. Maar pas op voor asteroïden en andere obstakels!

1 Start een nieuw project, verwijder de kat en voeg twee nieuwe sprites toe: een ruimteschip en een asteroïde. (Wij gebruikten sprites vanuit het startpakket van Lannoo Scratch.)

2 Voor deze game moet het ruimteschip naar rechts wijzen. Klik op de blauwe 'i' bij het ruimteschip en bepaal de richting (als het ruimteschip getekend was met de voorzijde omhoog, dan is de richting 180°).

3 Klik op de knop **Kleiner maken** om het ruimteschip kleiner te maken. Klik daarna een paar keer op het ruimteschip in het speelveld.

4 Open de **Achtergrond-bibliotheek** en voeg de achtergrond 'stars' toe of gebruik er een uit het startpakket van Lannoo Scratch.

ONEINDIGE SCROLLER

In deze game vliegt een eindeloze stroom obstakels over het scherm. Het doel is dat je ruimteschip ze ontwijkt door met je muis omhoog en omlaag te bewegen. Dit type game wordt een 'oneindige scroller' genoemd. Het spel blijft doorgaan tot je een fout maakt.

Codeer het ruimteschip

1 Selecteer het ruimteschip in het **spriteveld**. Laat het naar de linkerzijde van het speelveld gaan als er op de **groene vlag** wordt geklikt.

2 Om het ruimteschip met de muis omhoog en omlaag te laten bewegen (door de y-coördinaat te wijzigen) voeg je een **maak y-blok** toe (vanuit **Beweging**) en een muis y-variabele (vanuit **Waarnemen**).

3 Neem een **herhaal**-blok (vanuit **Besturen**) en voeg een **raak ik?**-blok toe (vanuit **Waarnemen**). Plaats deze loop om het blok van stap 2.

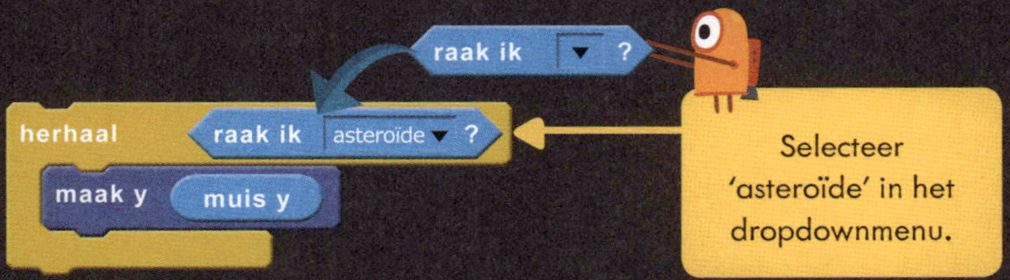

4 Als je nu op de groene vlag klikt, kun je het ruimteschip omhoog en omlaag laten bewegen met je muis – maar alleen totdat het crasht op een asteroïde.

Codeer de asteroïde

1 Selecteer de asteroïde-sprite en start een nieuw script met een **groene vlag** (vanuit **Gebeurtenissen**).

2 Voeg een **ga naar**-blok toe (vanuit **Beweging**) om de asteroïde rechts in het speelveld te laten verschijnen.

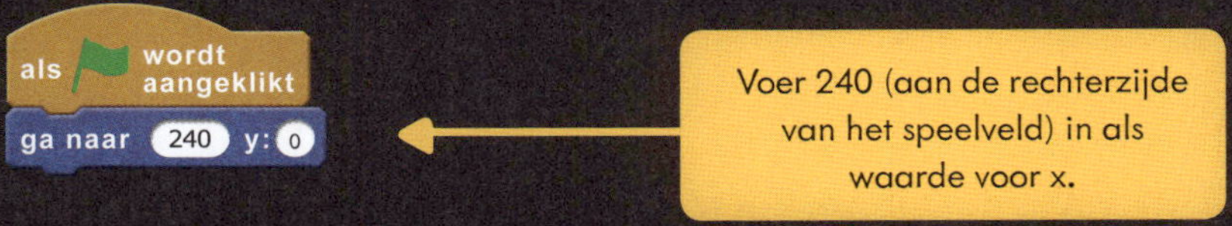

3 Voeg een **verander x met**-blok toe (vanuit Bewegen) en voer een negatief getal in. Hierdoor beweegt de asteroïde naar links.

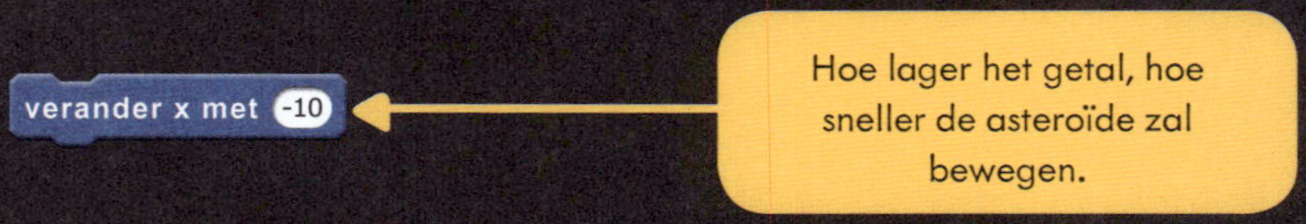

4 De asteroïde moet blijven bewegen totdat het ruimteschip hem raakt. Plaats een **herhaal-**loop om **verander x met** en bepaalde de voorwaarde met **raak ik?** (vanuit **Waarnemen**).

5 Je moet ook oppassen dat de asteroïde de rand van het speelveld niet raakt. Neem een **minder dan**-blok (vanuit **Functies**) en plaats daar een **x-positie** binnen (vanuit **Bewegen**).

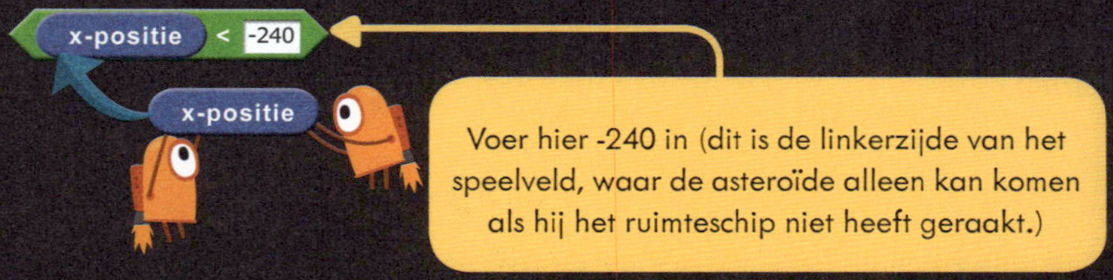

6 Plaats dit gecombineerde blok binnen een **als/dan**-blok (vanuit **Besturen**).

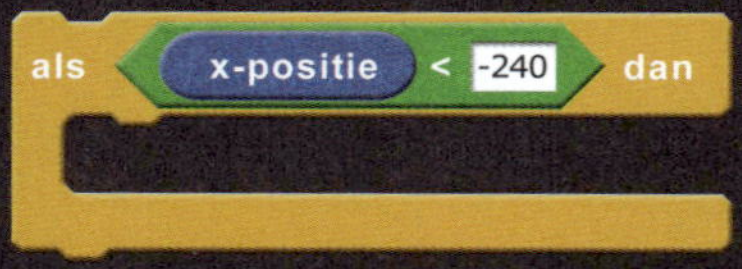

7 Plaats hierbinnen een **maak x**-blok en voer 240 in om de asteroïde terug te sturen naar de rechterzijde van het speelveld.

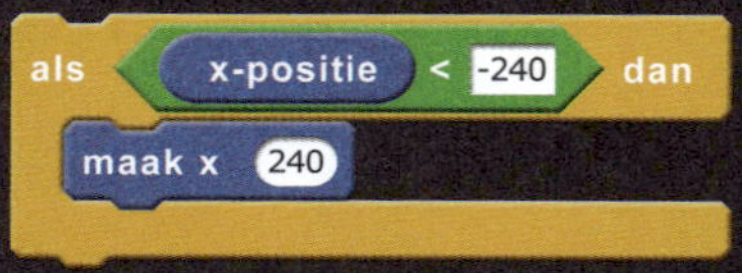

8 Voeg een **maak y**-blok toe (vanuit **Beweging**) onder het **maak x**-blok. Dit bepaalt de hoogte van de asteroïde. Plaats dit in een nieuw **getal tussen**-blok (vanuit **Functies**) en voer 180 tot -180 in, zodat hij telkens op een andere plaats verschijnt.

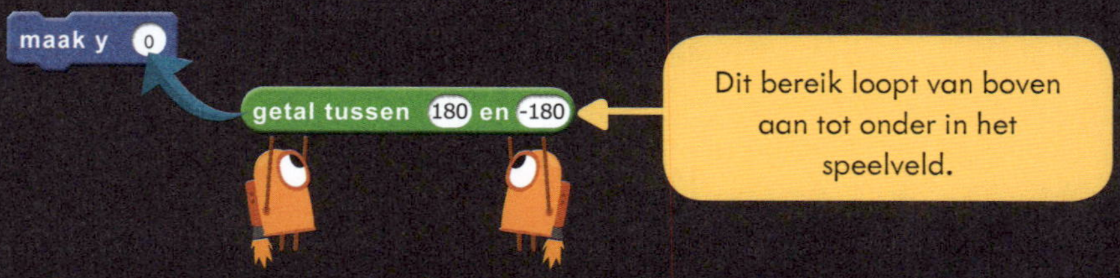

9 Voeg het gehele **als/dan**-blok toe aan de **herhaal**-loop uit stap 4. Het complete script moet er dan zo uitzien als hiernaast.

Telkens als de asteroïde de linkerhelft van het speelveld bereikt, verschijnt hij rechts opnieuw, alsof het een nieuwe asteroïde is.

Probeer de game uit. Het moet eruitzien alsof je door een asteroïdenveld beweegt (hoewel het er echt maar één is die blijft bewegen).

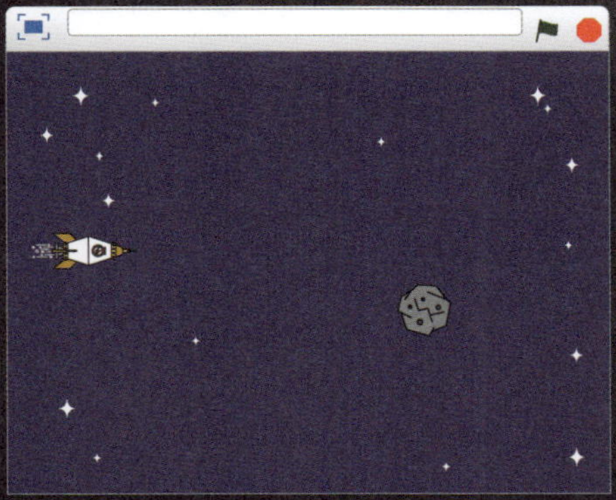

Ter afronding kun je met variabelen de snelheid van de asteroïden verhogen en tellen hoeveel je er ontwijkt.

1 Ga naar het menu **Data** en maak een nieuwe variabele aan die je 'snelheid' noemt. Selecteer dit keer 'Alleen voor deze sprite'.

'Alleen voor deze sprite' betekent dat de nieuwe variabele-blokken alleen voor deze sprite kunnen worden gebruikt.

2 Verwijder het vinkje zodat het snelheid-venster niet op het speelveld verschijnt.

3 Selecteer de asteroïde-sprite. Voeg om zijn snelheid in te stellen een **maak snelheid**-blok in (vanuit **Data**) aan het begin van het script, zoals hiernaast.

Zet de beginsnelheid op -10.

4 Neem nu een **snelheid**-variabele (vanuit **Data**) en plaats deze binnen het **verander x met**-blok in het script.

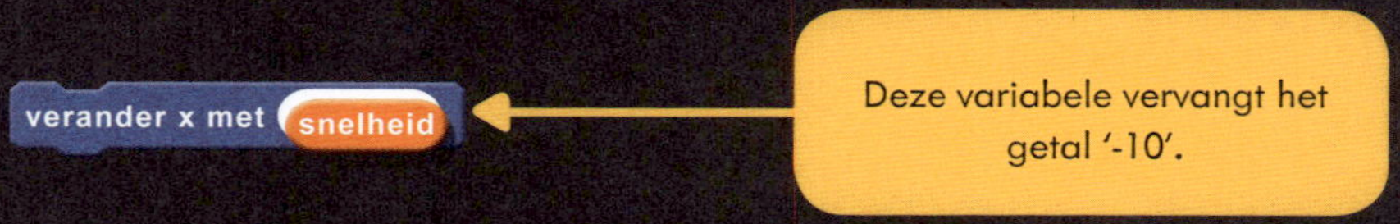

5 Om de snelheid tijdens de game te laten veranderen voeg je een **verander snelheid**-blok toe (vanuit **Data**) aan het complete **als/dan**-blok, zoals hiernaast. Voer -1 in om het sneller naar links te laten bewegen.

Score bijhouden

1 Ga naar het menu **Data** en maak een nieuwe **variabele** met de naam 'score'. Selecteer deze keer 'Voor alle sprites' en laat het venster aangevinkt, zodat je de score op het speelveld kunt zien.

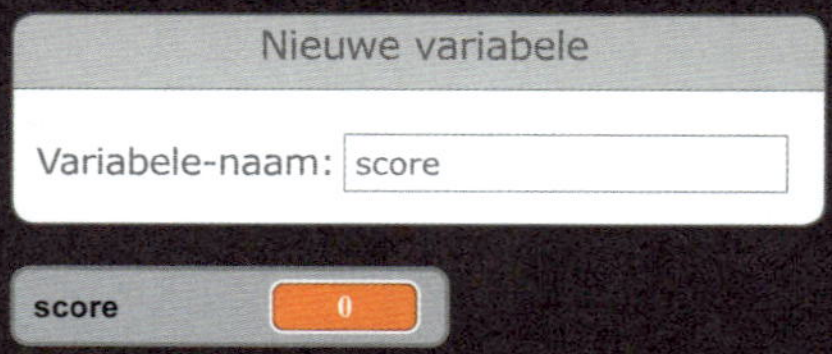

2 Selecteer de asteroïde-sprite. Voeg aan het begin een **maak score**-blok in (vanuit **Data**) om de score te laten beginnen vanaf 0. Voeg een **verander score met**-blok toe onder aan het grote **als/dan**-blok, waardoor de score wordt bijgehouden telkens als er een nieuwe asteroïde verschijnt.

Snelle alien

1 Selecteer een nieuwe 'alien'-sprite en geef die dezelfde codering als de asteroïde.

KOPIEER DE CODERING

Je kunt de codering tussen sprites kopiëren met de RUGZAK onder in het scherm. Klik hiervoor op de Rugzak-balk, sleep je script erin, wissel de sprites en sleep het er weer uit.

2 Maak nog een 'snelheid'-variabele en selecteer 'Alleen voor deze sprite', zodat het niet botst met 'snelheid' die je eerder had gemaakt. De 'snelheid' in de alien-codering heeft nu alleen betrekking op de snelheid van de alien.

Laat als uitdaging de alien sneller starten dan de asteroïde en laat zijn snelheid sneller hoger worden.

3 Als beloning omdat je een snelle alien hebt ontweken, kun je een hogere waarde invoeren in het **verander score met**-blok.

4 Ga naar het script van het ruimteschip. Laat het reageren als het een alien raakt door een **of** toe te voegen (vanuit **Functies**) plus een ander **raak ik?**-blok, zoals hiernaast.

Voeg een **stop alle**-blok toe om alle sprites te stoppen (niet alleen degene die je raakt) als je crasht.

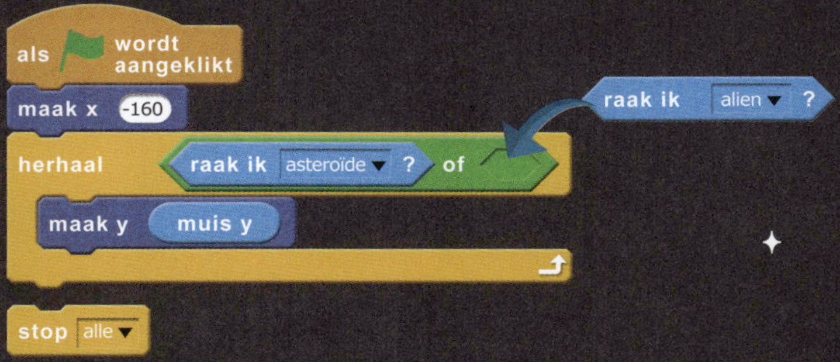

Speel tegen je vrienden en kijk wie de hoogste score haalt!

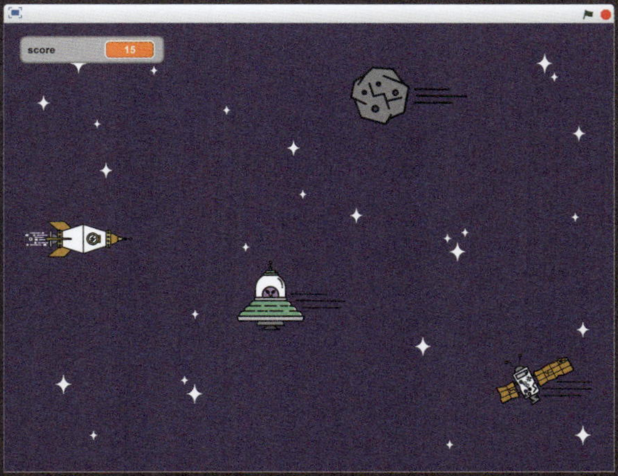

Spring!

In deze game help je je held een deur te bereiken door van plateau naar plateau te springen.

Hoe het werkt

Je bestuurt je held met de pijltjestoetsen. Met de pijltjes naar links en naar rechts ren je naar links en rechts, met het pijltje omhoog kun je springen.

De achtergrond bestaat uit plateaus waar je op kunt springen. Je doel is de deur te bereiken zonder te vallen.

Je kunt een sprite kiezen en je eigen achtergronden maken of het startpakket (met als thema kastelen) downloaden via **Lannoo Scratch.**

Kies een held

1 Start een nieuw project, verwijder de kat en kies een nieuwe sprite. Klik op de knop **Kleiner maken** en daarna een paar keer op de sprite op het speelveld.

De sprite moet vrij klein zijn, anders wordt het spel te eenvoudig. Wij namen 'knight' (ridder) en klikten er twaalf keer op.

De plateaus bouwen

2 Klik om een nieuwe achtergrond te maken op de afbeelding van het **penseel** links onder het speelveld.

3 Met de **lijn-tool** kun je een reeks omhooggaande dunne plateaus maken. Voeg voor de vloer een lijn met dezelfde kleur toe langs de onderzijde.

Op het hoogste plateau maak je de deur – in een andere kleur – die je probeert te bereiken.

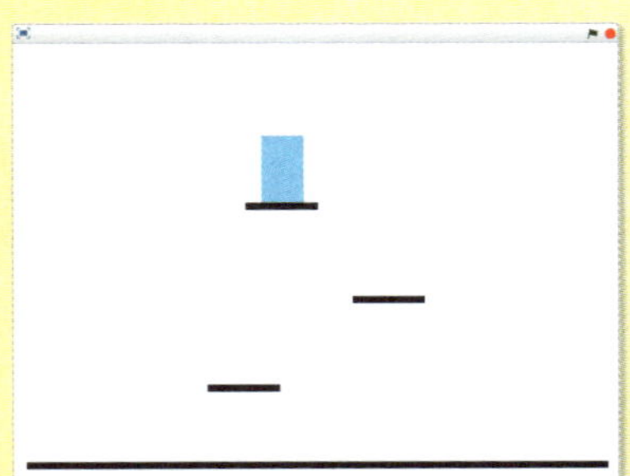

BETEKENIS VAN DE KLEUREN

Elke kleur moet iets vertegenwoordigen.
Wij namen:
Zwart = vaste bodem
Blauw = deur
Zorg dat je voldoende ruimte tussen de plateaus aanbrengt, zodat de sprite moet springen!

Codeer je held

Je hebt drie variabelen nodig om te volgen of de sprite op de bodem is of niet, en om te volgen hoe snel hij rent en springt.

1 Ga naar het menu **Data** en maak drie variabelen. Die kun je 'rensnelheid', 'springsnelheid' en 'op de bodem?' noemen. (Houd 'Voor alle sprites' aangevinkt.)

Verwijder het vinkje in het venster om de variabelen niet op het speelveld te tonen.

2 Neem een **groene vlag**-blok (vanuit **Gebeurtenissen**) en drie **maak variabele**-blokken (vanuit **Data**). Voeg een **ga naar x y**-blok toe (vanuit **Beweging**). Dit zorgt ervoor dat de sprite altijd op de juiste plek begint.

Selecteer elke variabele in de dropdownmenu's en typ '0' in de witte vensters.

Door deze waarden wordt de sprite naar de hoek links onder in het speelveld gestuurd.

3 Nu heb je een loop nodig die blijft lopen tot de sprite de deur bereikt. Neem een **herhaal**-blok (vanuit **Besturen**) en plaats dit in **raak ik kleur?** (vanuit **Waarnemen**). Voeg dit toe onder het script van stap 2.

Selecteer de kleur die je hebt gebruikt voor de deur.

4 Om de sprite overeenkomend met zijn snelheid te laten bewegen, voeg je twee **Beweging**-blokken toe aan de loop: **verander x met** en **verander y met**. Plaats deze vervolgens in de 'rensnelheid'- en 'springsnelheid'-variabelen (vanuit **Data**).

x bestuurt de links-rechtspositie van de sprite, y zijn omhoog-omlaagpositie.

Vallen

5 Om de sprite na een sprong terug te laten vallen, moet je een **verander variabele**-blok invoegen (vanuit **Data**). Kies 'springsnelheid' en typ -1.

Een negatief getal vermindert de springsnelheid.

Maar als hij de vaste bodem raakt, moet hij ophouden met vallen...

De vaste bodem raken

6 Neem een **als/dan**-blok (vanuit **Besturen**) en plaats daar een **en**-blok binnen (vanuit **Functies**). Bepaal de voorwaarde met een **raak ik kleur?**-blok aan de ene zijde, zodat de sprite reageert met de bodem. Plaats aan de andere kant een **minder dan**-blok en voeg **springsnelheid** toe.

Plaats het **als/dan**-blok binnen de **herhaal**-loop uit stap 3.

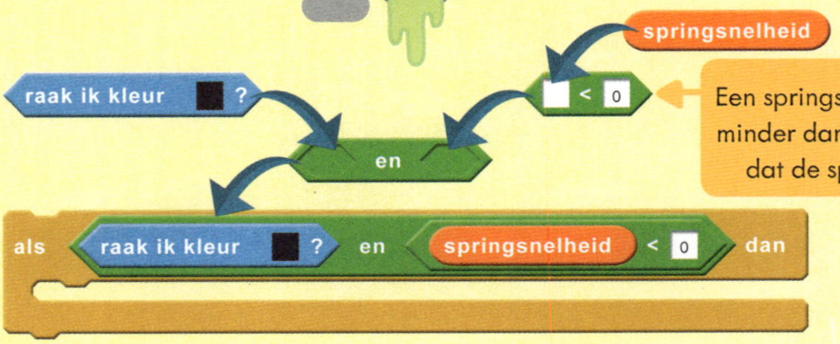

Een springsnelheid van minder dan 0 betekent dat de sprite valt.

7 Plaats nog een **herhaal-loop** in het **als/dan**-blok uit stap 6. Laat dit herhalen totdat de sprite net niet de bodem raakt. Plaats in het midden een **verander y met**.

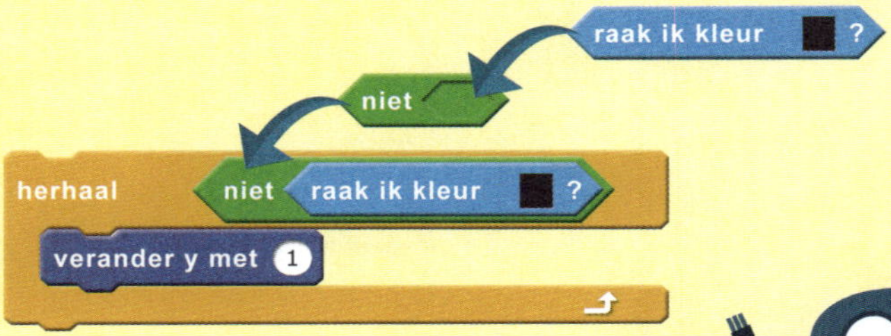

8 Voeg meteen onder de **herhaal**-loop (binnen het **als/dan**-blok) twee **maak variabele**-blokken toe om de waarden te updaten, zodat de sprite op de bodem tot rust komt. (Kijk op blz. 70 als je het hele script wilt zien.)

1 = ja, de sprite is op de bodem.
0 = nee, de sprite is niet op de bodem.

Nu moet je het nog laten reageren op de toetsen...

COMPUTERLOGICA

Computers kunnen alleen eenvoudige ja-nee-vragen beantwoorden, en dat doen ze met getallen. Gewoonlijk betekent een '1' 'ja' (of 'goed') en '0' 'nee' (of 'fout'). In wiskunde en computerkunde wordt dit BOOLEAANSE LOGICA genoemd.

Springen

De sprite mag alleen springen als 'pijltje omhoog' is ingedrukt *en* hij op de bodem is.

9 Neem een **en**-blok. Plaats aan één zijde **toets ingedrukt?** (vanuit **Waarnemen**). Aan de andere zijde voeg je een **op de bodem? / is gelijk aan** toe en typ je '1'.

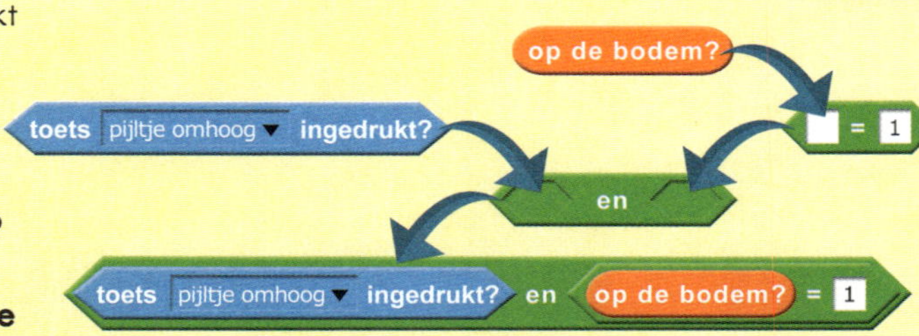

'1' betekent dat de sprite op de bodem is.

10 Plaats het hele ding binnen een ander **als/dan**-blok. Update dan je variabelen door twee **maak variabele**-blokken in te voegen (vanuit **Data**). Plaats het geheel in de **herhaal**-loop uit stap 3.

Rennen

Om te rennen moet je sprite reageren op de linker en rechter pijltjestoetsen.

11 Neem voor het pijltje links een ander **als/dan**-blok en plaats daar een **toets ingedrukt?** in. Voeg een **verander variabele**-blok toe, selecteer 'rensnelheid' en voer een negatief getal in.

12 Doe hetzelfde voor het pijltje rechts, maar selecteer 'pijltje rechts' en voer een positief getal in.

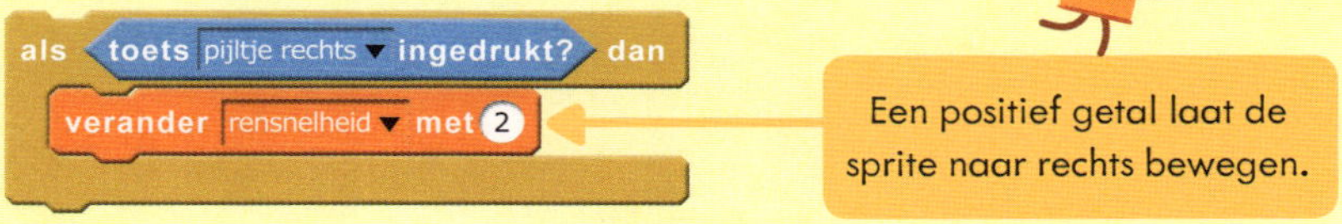

Plaats beide complete **als/dan**-blokken na de blokken uit stap 10 (nog binnen de **herhaal**-loop uit stap 3).

13 Om de sprite langzamer te maken als er geen toets is ingedrukt, neem je een **maak variabele**-blok en selecteer je 'rensnelheid'. Voeg dit toe aan wat je krijgt als je de **rensnelheid** vermenigvuldigt met minder dan '1'.

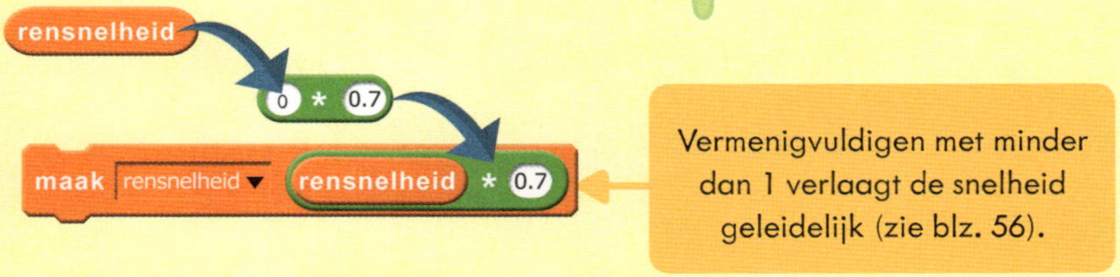

Plaats dit blok direct na het **als/dan**-blok uit stap 12 (nog binnen de **herhaal**-loop uit stap 3).

Finishen

14 Je kunt een **start geluid**-blok toevoegen aan het eind van je script, als je finisht.

Op de volgende bladzijde zie je het complete script.

Probeer het uit

Zo hoort een afgeronde codering eruit te zien... Klik op de **groene vlag** om de codering uit te proberen. Werkt het niet, controleer alles dan zorgvuldig om zeker te weten dat je alle juiste blokken hebt en dat ze in de juiste volgorde staan.

Speel een paar keer. Lukt het de held naar de deur te komen? Zie je bepaalde problemen?

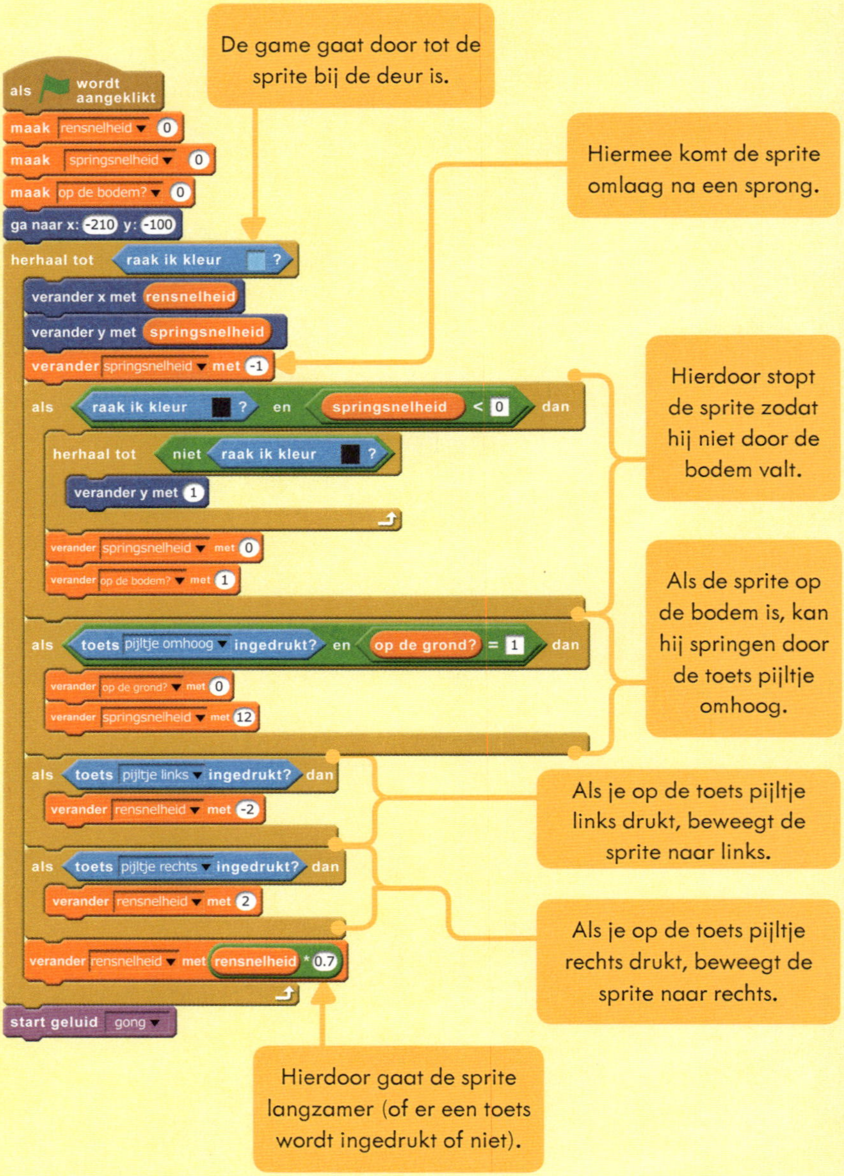

Een neerslachtig gevoel...

Zag je dat de sprite door de plateaus zakte voordat hij weer omhoog kwam? Dat komt door een bug in dit coderingsgedeelte...

bug verhelpen

doe je door een nieuw type blok te gebruiken, het **uiterlijken**-blok. Dit duwt hele stapel blokken bij elkaar in één blok, waardoor je de scripts netjes en zichtelijk houdt. De hele rij blokken wordt er ook sneller door uitgevoerd.

1 Ga naar het menu **Meer blokken** en klik op **Maak een blok.** Geef het nieuwe blok een naam, bijvoorbeeld **leg op de bodem.** Vink vervolgens in 'Opties' het vakje 'Speel zonder het scherm te verversen' aan.

Als je op 'OK' klikt, verschijnt het nieuwe blok in het menu **Meer blokken**.

Speel zonder het scherm te verversen betekent dat deze blokken spelen voordat er iets op het scherm verandert.

2 Ook in het scriptveld verschijnt een **definieer**-blok.

Haal de coderingssectie die de bug heeft gemaakt eruit. Plaats die onder het **definieer**-blok. Hierdoor zal de sectie spelen zonder op het scherm te worden getoond.

3 Voeg in het hoofdscript een **leg op de bodem**-blok in om de verwijderde blokken te vervangen.

Probeer het spel nu opnieuw. De sprite moet sneller reageren zonder zichtbaar te vallen.

Meer game-ideeën

Je kunt valstrikken in een andere kleur toevoegen. Raakt de sprite deze kleur, dan wordt hij teruggestuurd naar de start.

Je kunt ook meer achtergronden maken en een **verander achtergrond naar**-blok toevoegen, waardoor je held meer levels moet afleggen.

Ballonnen schieten

In deze game laat je ballonnen knallen door erop te klikken. Maar pas op voor de 'ondergang'-ballonnen. Raak je die, dan is het spel afgelopen.

Een startscherm maken

1 Start een nieuw project en verwijder de kat. Maak met de **Tekentools** een achtergrond en met tekst een nieuwe sprite, of gebruik ons startpakket. Wij noemden de sprite 'start tekst' en gaven spelinstructies mee.

Videogames hebben vaak een titel of een startscherm zoals dit, die de naam van de game en eventuele instructies geven.

2 Houd de 'start tekst'-sprite geselecteerd en begin een script met een **groene vlag** en een **zend signaal**-blok.

Dit 'zend signaal'-blok laat het startscherm verschijnen.

3 Begin, nog steeds met 'start tekst', een nieuw script met **als ik ontvang** en voeg een **toon-**blok toe om de sprite te onthullen. Voeg dan een **wacht tot / toets spatiebalk ingedrukt?** en een **zend signaal**-blok toe om de game te laten beginnen als je op de spatiebalk drukt. Sluit af met **verdwijn** om de sprite weer te laten verdwijnen.

Selecteer 'spatie' in het dropdownmenu om vast te stellen dat de spatiebalk ingedrukt is.

Het startscherm staat los van de groene vlag, omdat de vlag telkens wordt gebruikt als het spel wordt herstart.

Codeer de ballonnen

1 Voeg een 'ballon'-sprite toe uit de Scratch-bibliotheek. Controleer of hij is geselecteerd en maak dan een kort script met **verdwijn** om de sprite te verbergen als het startscherm wordt getoond.

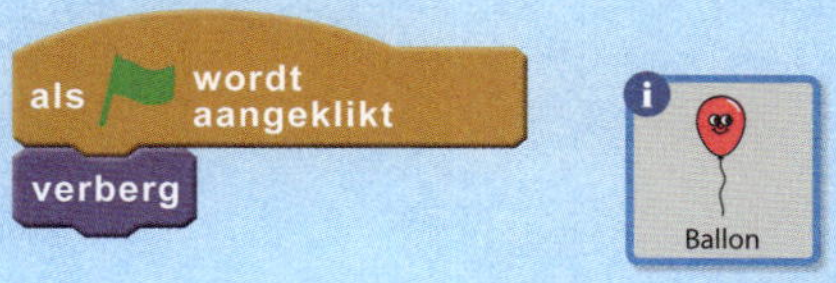

2 Maak met de **Tekentools** nog twee uiterlijken voor je ballon of gebruik die van het gedeelde project van Lannoo Scratch.

Tijd, snelheid en score

3 Start een nieuw script voor je ballon met **als ik ontvang**.

Stel nu de score in, bestuur de snelheid van de ballon en voer een tijdslimiet in. Ga naar **Data** en maak nieuwe variabelen aan voor 'score', 'snelheid' en 'resterende tijd' (voor alle sprites). Stel nu de startwaarden in, zoals hiernaast.

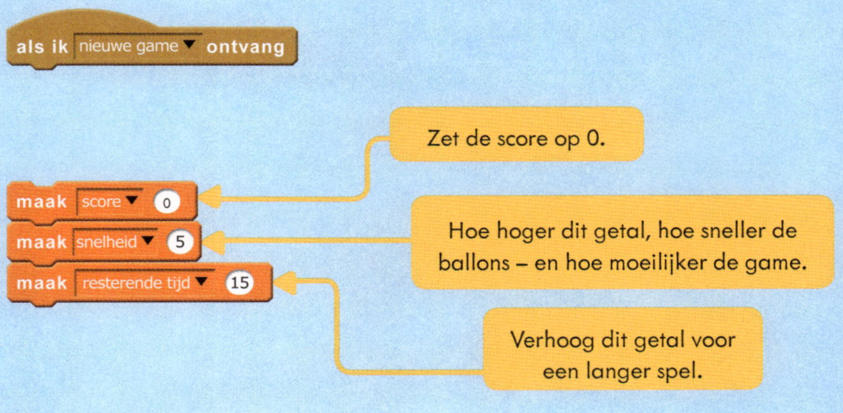

4 Wil je het spel laten doorgaan tot je tijd om is, voeg dan een **herhaal**-loop toe. Laat het ophouden als de resterende tijd gelijk is aan 0, via het **Functie**-blok voor **is gelijk aan**.

5 Voeg binnen de loop een **verander resterende tijd**-blok toe om de tijdklok af te laten tellen, en een **verander snelheid**-blok om de ballonnen sneller te laten gaan.

Voeg dan maak kloon toe, gevolgd door een korte pauze (een **wacht**-blok).

Voer een negatief getal in om de tijdklok te laten aftellen.

Hierdoor neemt de snelheid telkens een beetje toe.

De loop herhaalt tot de tijdklok op nul komt. Laat de klok aftellen in hele of halve getallen, anders zou hij nul kunnen missen en eeuwig door blijven gaan!

6 Kies onderaan een **geluid** om de game mee te eindigen en zend dan een **signaal** waardoor een 'game over'-scherm verschijnt (zie blz. 77).

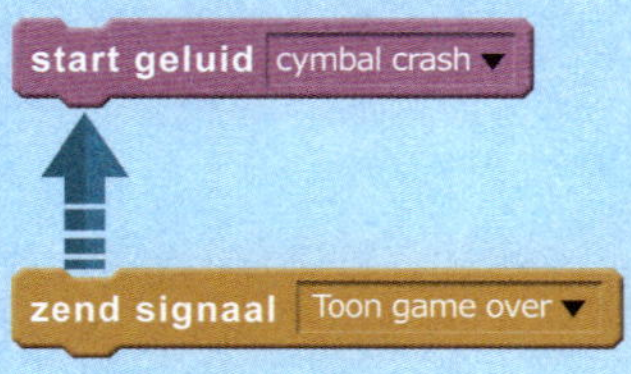

Kloonbesturing

1 Om de gekloonde ballonnen te besturen, start je een nieuw ballon-script met **wanneer ik als kloon start** en vervolgens **verander uiterlijk naar**. Kies een willekeurig getal en gebruik dat om te bepalen of een kloon een 'ondergang'-ballon is. Is dat het geval, pas zijn verschijning dan aan met **verander uiterlijk naar**.

Laat de kloon verschijnen in het originele, nog niet ontplofte ballon-uiterlijk.

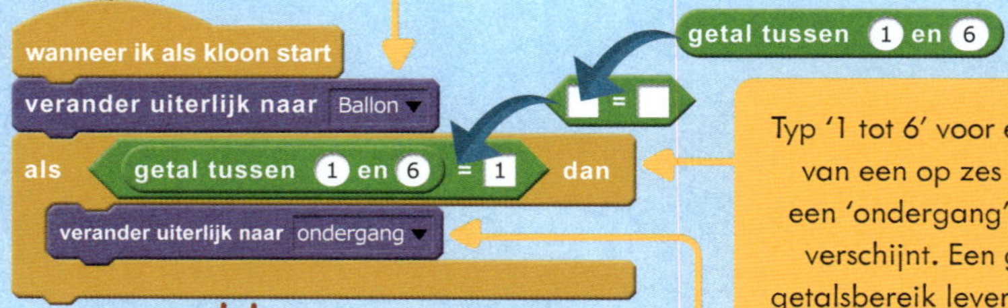

Typ '1 tot 6' voor een kans van een op zes dat er een 'ondergang'-ballon verschijnt. Een groter getalsbereik levert minder 'ondergang'-ballons op.

Selecteer hier het 'ondergang'-ballon-uiterlijk.

Als het door de computer gekozen getal 1 is, verschijnt er een 'ondergang'-ballon.

2 Laat de ballon-kloon nu op het speelveld verschijnen. Neem een **ga naar**-blok met een willekeurige **waarde voor x** en een vaste voor **y**, waardoor de kloon overal kan verschijnen.

Typ -200 tot 200, waardoor klonen overal in het speelveld kunnen verschijnen.

SPEELVELD

Horizontaal loopt het speelveld van -240 aan de linkerzijde tot 240 rechts.

Verticaal is -180 de bodem en 180 de top.

3 Om de kloon omhoog te laten drijven moet je zijn y-coördinaat verhogen. Neem een **herhaal**-loop en voeg een **verander y met / snelheid-blok** toe. Laat de loop doorgaan totdat de y-waarde de top van het scherm overschrijdt. Dan geldt **verwijder deze kloon.**

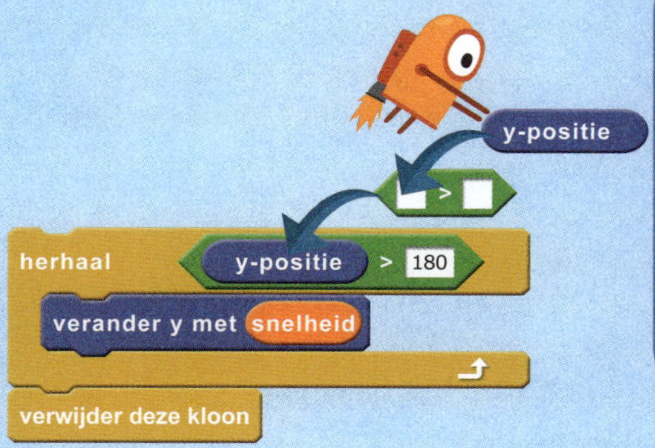

4 Let erop dat er geen ballons op het speelveld achterblijven als het spel is afgelopen. Voeg daarom een kort script toe zoals hiernaast.

De sprite knalt

1 Start met **als op deze sprite wordt geklikt** een nieuw script om de ballonnen te laten knallen.

Wat er dan gebeurt, hangt van het uiterlijk af. Neem daarom een **als/dan**-blok en bepaal de voorwaarde met **uiterlijk #** (vanuit **Uiterlijken**), zoals hiernaast. (Het symbool # betekent 'getal'.)

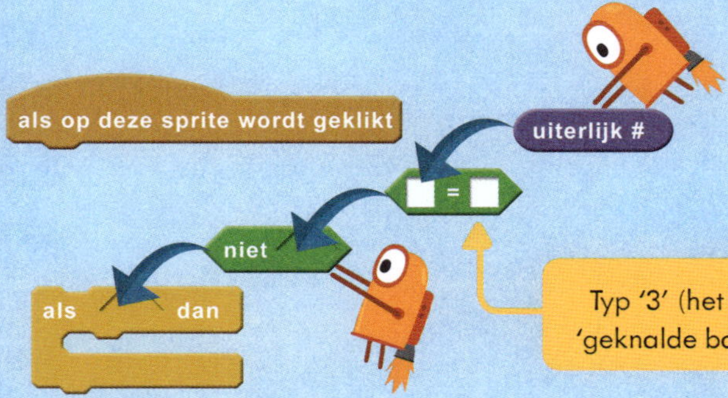

Typ '3' (het getal van het 'geknalde ballon'-uiterlijk).

Zet er een **stop**-blok in.

Dit zorgt ervoor dat dit het enige script is dat nu deze sprite bestuurt.

2 Omschrijf nu wat er met de andere uiterlijken moet gebeuren... Neem een **als/dan/anders**-blok en bepaal de voorwaarde opnieuw met **uiterlijk #**. Plaats dit binnen het **als/dan**-blok uit stap 1.

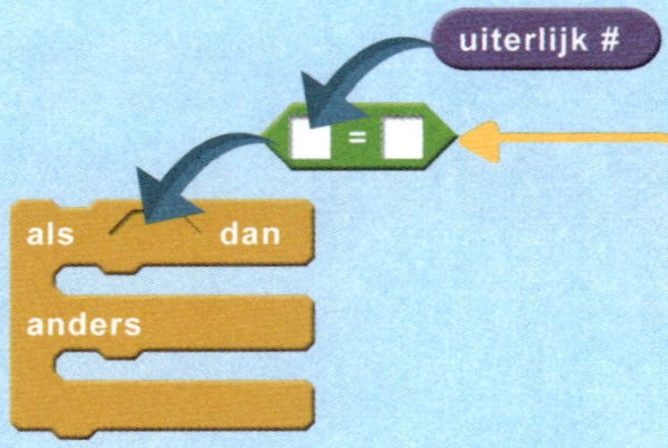

Voer het aantal in voor het gewone, niet-ontplofte uiterlijk.

3 Als het een gewone ballon is, **start het geluid** en neemt de score toe. Als het geen gewone is die niet ontploft, dan moet het een 'ondergang'-ballon zijn! Start geluid in het **anders**-gebied (wij kozen een schreeuw) en zet de resterende tijd op 0.

De resterende tijd op 0 zetten beëindigt de game.

4 Welke ballon het ook was, hij moet nu overgaan naar het ontplofte uiterlijk en dan worden verwijderd.

OPRUIMTIP

Als je met rechts in het scriptveld klikt en OPRUIMEN kiest, dan zal Scratch automatisch alle ongebruikte blokken verwijderen en je scripts netjes rangschikken.

Hier, en boven aan de volgende bladzijde, staat de complete codering voor de ballon-sprite.

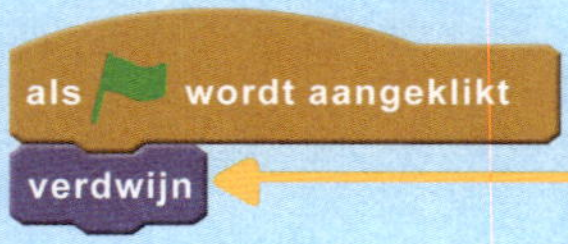

Verbergt de ballon als het startscherm wordt weergegeven.

Dit korte script verwijdert alle resterende ballonnen aan het eind van de game.

Deze blokken resetten de score, snelheid en resterende tijd.

Deze blokken laten de tijdklok aftellen, verhogen de snelheid en maken klonen aan.

Dit roept het 'game over'-scherm op.

Game over

1 Om een 'game over'-scherm te laten verschijnen moet je een andere tekst-sprite maken, zoals hiernaast.

> **SPELEN**
>
> **De game werkt het best als je voor het spelen klikt op 'Bekijk projectpagina'. Klik op 'Bekijk van binnen' om terug te keren naar je coderingsscherm.**

2 Voeg nu een eenvoudig script toe om het aan het eind te laten verschijnen, voor het verbergen en weer oproepen van het startscherm.

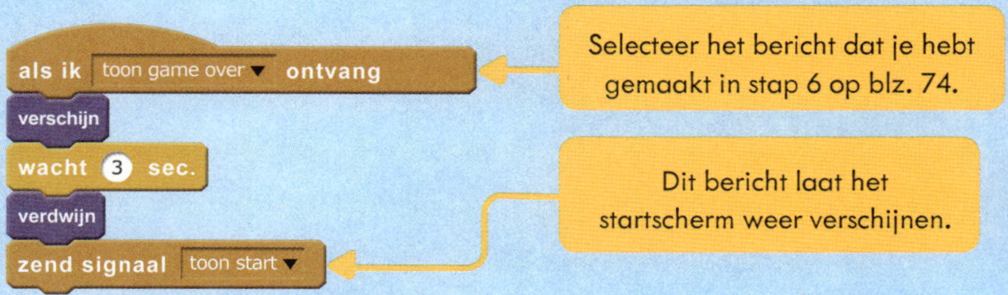

Een soundtrack

3 Als je een soundtrack aan je game wilt toevoegen, selecteer dan de **achtergrond** en voeg een script toe zoals hiernaast. Het wordt afgespeeld tijdens de start en als het 'game over'-scherm verschijnt.

zend signaal Giga 3

wis alles
start geluid meow
maak grootte 100 %

Handigheidjes

In dit hoofdstuk vind je het complete blokkenmenu voor Scratch en een woordenlijst met computertermen. Je vindt er ook meer informatie over het gebruik van de Scratch-website en van **www.lannoo.be/programmeren-scratch.**

Opslaan en delen

Scratch slaat wat je doet automatisch op. Maar als je een project wilt bewaren als je het afsluit, zul je het eerst een naam moeten geven. Gebruik je Scratch online, dan heb je hiervoor een **Scratch-account** nodig.

Een Scratch-account aanmaken

Je hebt toestemming van een volwassene nodig om een account aan te maken.

1 Ga naar de Scratch-website (https://scratch.mit.edu/, maar je vindt ook een link via www.lannoo.be/programmeren-scratch.)

Als je eenmaal een account hebt aangemaakt, kun je op 'Inloggen' klikken om er te komen.

2 Kies een **gebruikersnaam** en **wachtwoord**. Volg de stappen en vul je gegevens in, inclusief een e-mailadres.

3 Scratch zal je een mail sturen. Als je die ontvangt, volg dan de instructies om je account te bevestigen.

Projecten een naam geven en opzoeken

1 Als je een nieuw project start, geef het dan een naam in het venster boven het speelveld. Hierdoor wordt het automatisch opgeslagen in de map 'Mijn projecten'.

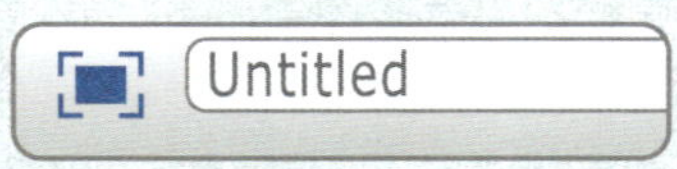

2 Om je opgeslagen projecten te bekijken klik je op de 'S'-map in de rechter bovenhoek. Klik op een project om het te openen.

Lannoo-account

Je kunt werkende versies van alle scripts in dit boek zien door naar de gedeelde projecten van **Lannoo Scratch** te gaan.

UPDATES

De onlineversie van Scratch wordt voortdurend geüpdatet en aangevuld, waardoor sommige details mogelijk zijn gewijzigd. Je vindt de updates via de website van Scratch.

Projecten delen

Als je een project deelt is het een goed idee om instructies toe te voegen over de werking van jouw project.

1 Klik op **Bekijk projectpagina** en voeg jouw instructies toe, bijvoorbeeld op welke toetsen je moet drukken.

2 Klik nu op **Delen**. Andere Scratchers kunnen je codering nu ook uitproberen.

LEER MEER

Je eigen projecten delen en kijken naar wat anderen doen is een geweldige manier om feedback te krijgen en meer te leren. Op de Scratch-website kun je eenvoudig dingen met andere Scratch-gebruikers delen.

Delen | Bekijk projectpagina

Instructies

Let alsjeblieft even op mijn huisdier!

- Klik op de veer om hem te aaien.
- Klik op de aardbeien om hem eten te geven.

Om terug te gaan naar het coderingsscherm, klik je op 'Bekijk van binnen'.

Bekijk van binnen

Remixen

Op de Scratch-site kun je ook de projecten van anderen ontdekken en daar je eigen versies van maken. Dit noemen we **remixen**.

1 Open een project en klik op **Bekijk van binnen** om de codering te bekijken.

2 Verander het of voeg je eigen ideeën toe en klik dan op **Remix**. De nieuwe versie wordt opgeslagen in je map 'Mijn projecten'.

Ontdekken

De knop 'Ontdekken' boven in het scherm leidt je naar pagina's van projecten die je kunt ontdekken en remixen.

Bekijk van binnen

Remix

Rugzak

In de **Rugzak** kun je scripts, sprites en backdrops opslaan om die later te gebruiken.

1 Je vindt je Rugzak helemaal onder in je scherm. Klik op de balk om hem te openen.

2 Sleep scripts, sprites en achtergronden naar je Rugzak om ze toe te voegen. (Klik met rechts om ze te verwijderen.)

Rugzak ▲

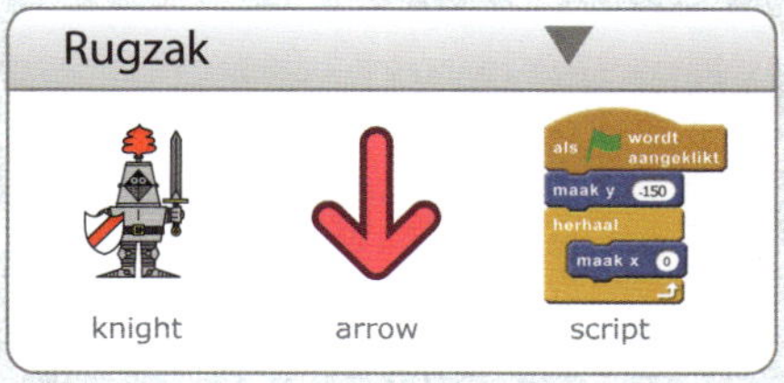

Om een item uit je Rugzak te gebruiken, sleep je het er gewoon uit naar je projectvenster.

Blokken en menu's

Hier volgt een overzicht van elk blok en elk menu, en van wat het doet.

BEWEGING

Beweging-blokken bewegen sprites over het speelveld.

Beweging	Gebeurtenissen
Uiterlijken	Besturen
Geluid	Waarnemen
Pen	Functies
Data	Meer blokken

Gewone instructies staan in rechthoekige blokken, ook stapelblokken genoemd, omdat ze boven op elkaar kunnen worden gestapeld.

- **neem 10 stappen** – beweegt een sprite in de richting waar hij op dat moment naar kijkt
- **draai ↻ 15 graden** – draait een sprite rechtsom
- **draai ↺ 15 graden** – draait een sprite linksom
- **richt naar 90▼** – richt een sprite naar een bepaalde richting, weergegeven in graden (90 graden = rechts, -90 = links)
- **richt naar ▼** – richt een sprite naar iets (geselecteerd in het dropdownmenu)
- **ga naar x: 0 y: 0** – stuurt een sprite onmiddellijk naar de gegeven coördinaten
- **ga naar muisaanwijzer▼** – stuurt een sprite naar dezelfde positie als iets anders, bijvoorbeeld de muisaanwijzer (geselecteerd in het dropdownmenu)
- **schuif in 1 sec. naar x: 0 y: 0** – beweegt een sprite geleidelijk naar de gegeven coördinaten, binnen de gestelde tijd
- **verander x met 10** – verandert de x- of links-rechts-coördinaat van een sprite (de waarde kan uiteenlopen van 240 tot -240)

- **maak x 0** – bepaalt de x- of links-rechts-coördinaat van een sprite (0 zet hem in het midden)
- **verander y met 10** – verandert de y- of omhoog-omlaag-coördinaat van een sprite (de waarde kan uiteenlopen van 180 tot -180)
- **maak y 0** – bepaalt de y- of omhoog-omlaag-coördinaat van een sprite (0 zet hem in het midden)
- **keer om aan de rand** – stuurt de sprite terug in de tegen-overgestelde richting zodra hij het eind van het speelveld heeft bereikt
- **maak draaistijl links-rechts▼** – bepaalt of een sprite kan omdraaien, ondersteboven draaien of altijd in dezelfde richting kan kijken
- **x-positie** – laat je een x-positie van een sprite gebruiken als een variabele
- **y-positie** – laat je een y-positie van een sprite gebruiken als een variabele
- **richting** – laat je een richting van een sprite gebruiken als een variabele

GEBEURTENISSEN

Gebeurtenissen-blokken besturen als er iets gebeurt.

Beweging	**Gebeurtenissen**
Uiterlijken	Besturen
Geluiden	Waarnemen
Pen	Functies
Data	Meer blokken

Hoedvormige blokken met bolle toppen worden gebruikt om scripts te starten.

als [vlag] wordt aangeklikt — start een script als op de groene vlag boven het speelveld wordt geklikt

wanneer [spatiebalk ▼] wordt ingedrukt — start een script als een toets wordt ingedrukt (welke toets dat is, selecteer je in het dropdownmenu)

als op deze sprite wordt geklikt — start een script als op de sprite wordt geklikt

wanneer achtergrond verandert naar [achtergrond1 ▼] — start een script als de achtergrond verandert

wanneer [geluidssterkte ▼] > (10) — start een script als de waarde van een variabele verandert (welke variabele dat is, selecteer je in het dropdownmenu)

wanneer ik signaal [bericht1 ▼] ontvang — start een script als een boodschap wordt ontvangen vanuit een ander deel van de codering

zend signaal [bericht1 ▼] — verstuurt een boodschap (signaal) naar een ander deel (of delen) van de codering

zend signaal [bericht1 ▼] en wacht — verstuurt een boodschap (signaal) naar een ander deel (of delen) van de codering en wacht op die codering alvorens verder te gaan

HELP

Als je Scratch op een computer gebruikt, kun je met rechts op een blok klikken en 'help' selecteren. Hiermee verschijnt een lijst met dingen die blokken kunnen doen, met voorbeelden.

ONLINEGIDS

Scratch heeft ook een onlinegids of WIKI waar je blokken kunt browsen naar type en vorm. Je kunt er ook andere nuttige informatie vinden.

Ga naar **Lannoo Scratch** voor een link.

UITERLIJKEN

Uiterlijken-blokken besturen het verschijnen van sprites en achtergronden, inclusief tekstballonnen en speciale effecten.

zeg [Hallo!] (2) sec.	geeft een sprite een tekstballon gedurende een bepaalde tijd
zeg [Hallo!]	geeft een sprite een tekstballon
denk [Hmm...] (2) sec.	geeft een sprite een gedachteballon gedurende een bepaalde tijd
denk [Hmm...]	geeft een sprite een gedachteballon
verschijn	onthult een sprite op het speelveld
verdwijn	verbergt een sprite op het speelveld
verander uiterlijk naar [uiterlijk2 ▼]	verandert het uiterlijk van een sprite (de manier waarop hij verschijnt)
volgend uiterlijk	switcht naar het volgende uiterlijk van een sprite
verander achtergrond naar [achtergrond1 ▼]	verandert de achtergrond
verander [kleur ▼] -effect met (25)	versterkt of verzwakt een special effect bij een sprite (tot maximaal 100%)
zet effect [kleur ▼] op (2)	geeft een sprite een special effect (geselecteerd in het dropdownmenu)
zet alle effecten uit	brengt een sprite weer terug in zijn oorspronkelijke verschijning
verander grootte met (10)	maakt een sprite groter (of kleiner als je een negatief getal invoert)
maak grootte (100) %	geeft een sprite een bepaalde grootte van zijn normale startgrootte
ga naar voorgrond	als sprites overlappen, brengt dit een sprite naar de voorgrond, zodat hij boven alle andere zit
ga (1) lagen naar achteren	als sprites overlappen, laat dit een sprite van plaats wisselen met degene erachter
(uiterlijk #)	hiermee kun je het uiterlijken-getal gebruiken (# staat voor 'getal') als variabele
(achtergrondnaam)	hiermee kun je de achtergrondnaam gebruiken als variabele
(grootte)	hiermee kun je grootte gebruiken als variabele

Blokken met ronde hoeken vertegenwoordigen verschillende **variabelen** (veranderlijke waarden genoemd). Ze moeten binnen andere blokken worden geplaatst; ze kunnen niet los worden gebruikt. Zie ook blz. 87.

BESTUREN

Besturen-blokken besturen de codering zelf, inclusief wanneer en hoe lang deze wordt uitgevoerd. Je kunt deze blokken ook gebruiken om 'klonen' of exacte kopieën van een sprite te maken.

Beweging	Gebeurtenissen
Uiterlijken	**Besturen**
Geluiden	Waarnemen
Pen	Functies
Data	Meer blokken

wacht (1) sec. – laat het script pauzeren

C-vormige blokken die andere instructies omgeven – vaak om **herhaal**-loops te maken.

herhaal (10) keer – laat alles erbinnen een bepaald aantal malen herhalen

herhaal – laat alles erbinnen eindeloos herhalen

Loops hebben aan het einde altijd een pijltje omhoog.

C-vormige **als/dan/anders**-blokken bepalen de voorwaarden waaronder andere dingen gebeuren.

als ⟨ ⟩ dan – laat alles erbinnen gebeuren, mits aan de ingevulde voorwaarde is voldaan

als ⟨ ⟩ dan / anders – laat alles binnen de eerste sectie gebeuren, mits aan de ingevulde voorwaarde is voldaan; zo niet, dan gebeurt alles wat in de tweede voorwaarde staat

wacht tot ⟨ ⟩ – wacht tot aan een bepaalde voorwaarde wordt voldaan

herhaal tot ⟨ ⟩ – laat alles erbinnen herhalen tot aan een bepaalde voorwaarde wordt voldaan

stop [alle ▾] – stopt bepaalde scripts (geselecteerd in het dropdownmenu)

wanneer ik als kloon start – start dit script als er een kloon (gekopieerde sprite) wordt aangemaakt

maak kloon van [mijzelf ▾] – maakt een kloon van een sprite (geselecteerd in het dropdownmenu)

Pet-blokken (blokken met een rechte onderzijde) worden gebruikt om scripts af te ronden.

verwijder deze kloon – verwijdert een kloon

GELUIDEN

Geluid-blokken besturen geluiden. Scratch heeft een eigen geluidenbibliotheek die je kunt gebruiken – vergeet niet elk geluid uit de bibliotheek eerst aan je script toe te voegen. Je kunt ook je eigen geluiden opnemen.

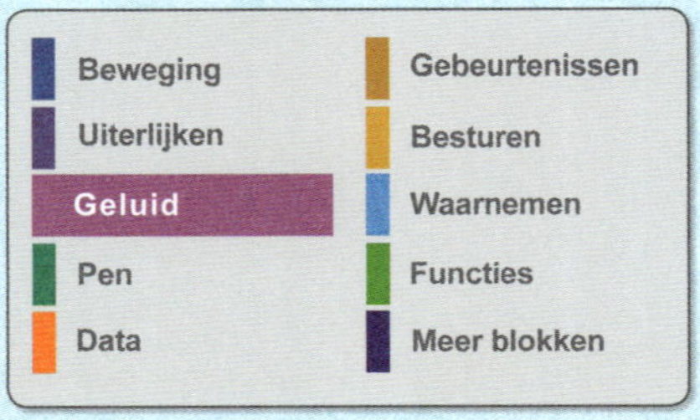

start geluid miauw ▾ — start een geluid uit het dropdownmenu eenmaal

start geluid miauw ▾ **en wacht** — speelt een geluid en wacht tot het is afgelopen

stop alle geluiden — stopt elk geluid dat wordt afgespeeld

speel slagwerk 1▾ 0.25 **tellen** — speelt een bepaald slagwerk en bepaalt het aantal tellen

pauzeer 0.25 **tellen** — wacht een bepaald aantal tellen alvorens door te gaan

speel noot 60▾ 0.5 **tellen** — speelt een noot (gegeven als een getal) op het geselecteerde instrument, gedurende een bepaald aantal tellen

gebruik instrument 1▾ — selecteert een instrument

verander volume met -10▾ — maakt geluiden luider (met een positief getal) of zachter (met een negatief getal)

zet volume op 100 **%** — bepaalt het volume

volume — hiermee gebruik je het volume als een variabele

verander tempo met 20 — speelt alle noten sneller (met een positief getal) of langzamer (met een negatief getal)

maak tempo 60 **bpm** — bepaalt de snelheid of het 'tempo'

tempo — hiermee gebruik je tempo als een variabele

WAARNEMEN

Waarnemen-blokken worden gebruikt om voorwaarden te bepalen voor andere blokken. De meeste zijn rond of diamantvormig, en ze moeten altijd binnen andere blokken worden geplaatst. Dit type blokken komt nooit alleen voor.

Blokken met een diamantvormig uiteinde bepalen **als**-voorwaarden. In Scratch worden ze soms booleanen genoemd, omdat ze gebruikmaken van 'booleaanse' of eenvoudige 'ja-nee'-logica.

Beweging	Gebeurtenissen
Uiterlijken	Besturen
Geluid	**Waarnemen**
Pen	Functies
Data	Meer blokken

- **raak ik ▾ ?** – controleert of de sprite iets raakt (geselecteerd in het dropdownmenu)
- **raak ik kleur ■ ?** – controleert of de sprite een kleur raakt (je bepaalt de kleur door in het venster en dan op het scherm te klikken)
- **kleur ■ raakt ■ ?** – controleert of een bepaalde kleur een andere nader aangeduide kleur raakt (je bepaalt de kleuren door in de vensters en dan op het scherm te klikken)
- **afstand tot ▾** – hiermee bepaal je de afstand tot iets (geselecteerd in het dropdownmenu) als een variabele
- **vraag** Hoe heet je? **en wacht** – laat een sprite een vraag stellen
- **toets** spatiebalk ▾ **ingedrukt?** – controleert of een bepaalde toets is ingedrukt (je selecteert de toets in het dropdownmenu)
- **antwoord** – hiermee gebruik je het antwoord op een vraag als een variabele
- **muis ingedrukt?** – controleert of de muisknop is ingedrukt
- **muis x** – hiermee gebruik je de links-rechts-positie van de muis als een variabele
- **muis y** – hiermee gebruik je de omhoog-omlaagpositie van de muis als een variabele
- **geluidsterkte** – hiermee gebruik je het volume als variabele
- **video** beweging ▾ **op** deze sprite ▾ – hiermee gebruik je wat er in een webcamafbeelding gebeurt als variabele
- **zet video** aan ▾ – zet de webcam aan (als je die hebt)
- **maak videodoorzichtigheid** 50 **%** – maakt de webcamafbeeding meer of minder doorzichtig
- **tijdklok** – houdt bij hoeveel tijd er voorbij is en laat je dat als een variabele gebruiken
- **zet tijdklok op nul** – laat de tijdklok op 0 beginnen
- x-positie ▾ **van** Sprite1 ▾ – hiermee gebruik je de positie van een sprite als variabele
- **huidige** minuut ▾ – hiermee gebruik je de huidige tijd of datum als variable
- **dagen sinds 2000** – telt de dagen sinds 1 januari 2000
- **gebruikersnaam** – hiermee gebruik je de gebruikersnaam van de spelers als variabele als ze zijn ingelogd op de Scratch-site

Blokken met ronde hoeken bevatten **variabelen**. In Scratch zijn deze ook bekend als **melders**, omdat ze 'terugmelden' over een bepaalde voorwaarde.

PEN

Met **Pen**-blokken kun je tekenen met een sprite.

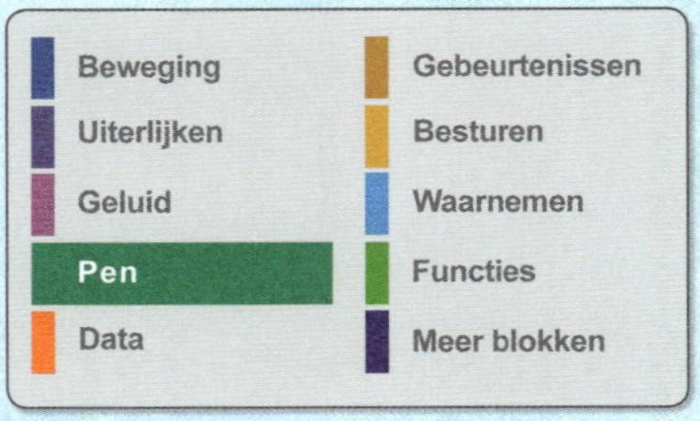

- **wis alles** — wist alle pentekeningen van het speelveld
- **stempel** — 'stempelt' een beeld van een sprite in het speelveld (dit is slechts een beeld, geen nieuwe sprite)
- **pen neer** — zorgt dat de sprite een lijn tekent als hij beweegt
- **pen op** — zorgt dat de sprite niet langer een lijn tekent
- **maak penkleur ■** — bepaalt de penkleur door op het scherm te klikken (de kleur waarop je klikt wordt de penkleur)
- **verander penkleur met (10)** — verandert de penkleur met de ingevoegde waarde
- **maak penkleur (0)** — stelt de penkleur in met getallen
- **verander penhelderheid met (10)** — verandert de penhelderheid met de ingevoegde waarde (hoe 'stevig' hij zal drukken)
- **maak penhelderheid (10)** — stelt de penhelderheid in (hoe 'stevig' hij zal drukken)
- **verander pendikte met (1)** — maakt de pen groter of kleiner met de ingevoegde waarde
- **maak pendikte (1)** — stelt de pendikte in

FUNCTIES

Functie-blokken worden gebruikt om mee te rekenen en bepalen voorwaarden als 'en', 'of' en 'niet' (bij codering vaak 'logica' genoemd).

Beweging	Gebeurtenissen
Uiterlijken	Besturen
Geluid	Waarnemen
Pen	**Functies**
Data	Meer blokken

Alle **Functies** hebben ronde of diamantvormige uiteinden. De blokken moeten binnen andere blokken worden geplaatst.

Met deze afgeronde blokken (of 'melders') kun je rekenen met verschillende variabelen.

- ( ) + ( ) — telt op
- ( ) - ( ) — trekt af
- ( ) * ( ) — vermenigvuldigt
- ( ) / ( ) — deelt
- getal tussen (1) en (10) — kiest een willekeurig getal

Blokken met diamantvormige uiteinden (of **booleanen**) stellen voorwaarden.

getallen of variabelen komen in de witte hokjes

- [ ] < [ ] — controleert of de eerste waarde lager is dan de tweede
- [ ] = [ ] — controleert of twee waarden gelijk zijn
- [ ] > [ ] — controleert of de eerste waarde hoger is dan de tweede

in deze hokjes moeten meer blokken met diamantvormige uiteindes komen

- < > en < > — controleert of beide voorwaarden goed zijn
- < > of < > — controleert of een of meer of beide voorwaarden goed zijn
- niet < > — controleert of een voorwaarde niet goed is

- voegt twee variabelen samen — voeg [hallo] en [wereld] samen
- letter (1) van [wereld] — neemt een bepaalde letter uit een woord (hier is letter 1 'w')
- telt het aantal letters in een woord — lengte van [wereld]
- ( ) modulo ( ) — laat het restant van de deling van het eerste getal door het tweede getal zien
- laat de afgeronde waarde van een getal zien — afgerond ( )
- wortel ▾ van (9) — gebruikt voor hogere wiskunde, zoals worteltrekken of hoeken berekenen met trigonometrie

DATA

Data-blokken dienen om informatie te beheren. Dat kan als een los en benoemd stuk informatie, bekend als een **variabele**, of als een **lijst**.

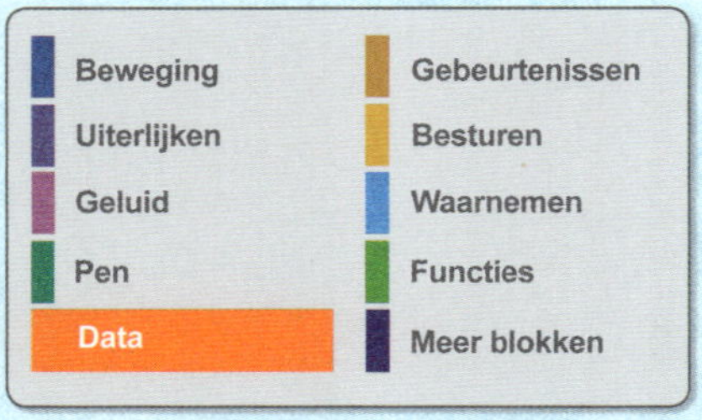

Als je een variabele of lijst op het speelveld hebt, kun je de positie daarvan wijzigen door te slepen.

Voordat je **Data**-blokken kunt gebruiken moet je de computer vertellen 'Maak een variabele' of 'Maak een lijst'.

Als je 'Maak een variabele' selecteert, wordt gevraagd deze een naam te geven.* Vervolgens verschijnt een nieuwe set blokken met die naam in het menu **Data.**

Variabelen worden gebruikt om getallen die kunnen veranderen te beheren, zoals je snelheid of score in een game.

Als je 'Maak een lijst' selecteert, wordt gevraagd deze een naam te geven. Vervolgens verschijnt een nieuwe set blokken met die naam in het menu **Data.**

Lijsten houden verschillende stukken informatie bij, bijvoorbeeld de behaalde scores van een game.

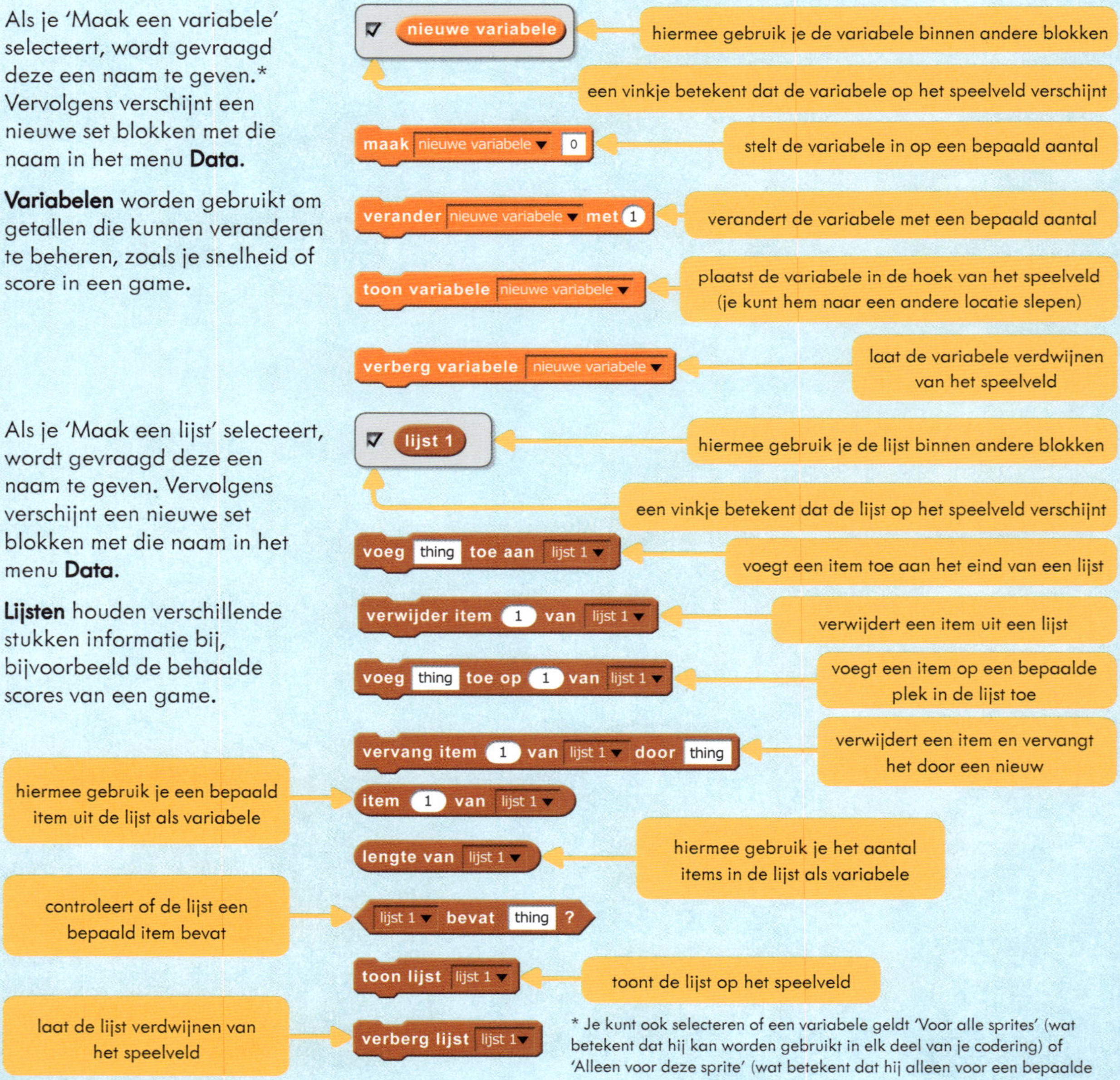

* Je kunt ook selecteren of een variabele geldt 'Voor alle sprites' (wat betekent dat hij kan worden gebruikt in elk deel van je codering) of 'Alleen voor deze sprite' (wat betekent dat hij alleen voor een bepaalde sprite kan worden gebruikt).

MEER BLOKKEN

Met **Meer blokken** kun je je eigen **Uiterlijken**-blokken maken, die allemaal een opnieuw te gebruiken stuk codering bevatten. Dit doen programmeurs vaak. In andere computertalen wordt dit 'een routine maken' genoemd.

Klik op 'Maak een blok',

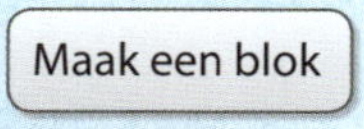

geef je nieuwe blok een naam (bijv. 'nieuw blok'),

en in het scriptveld verschijnt een nieuw **definieer**-blok.

Voeg daaronder blokken toe die de computer vertellen wat je nieuwe blok moet doen.

Je nieuwe blok verschijnt in het menu **Meer blokken**. Je kunt het als een shortcut gebruiken, zodat je niet telkens dezelfde stapel blokken hoeft te bouwen; of je kunt het gebruiken om de manier te veranderen waarop die blokken worden uitgevoerd (zie optie 3 rechts).

Uitbreidingen

Voeg een uitbreiding toe

Een uitbreiding zorgt voor extra blokken, die je kunt gebruiken om bepaald elektronisch speelgoed te besturen.

Nieuwe blokopties

Als je een nieuw blok maakt, kun je daar verschillende kenmerken aan toevoegen.

1 Laat een ruimte open om andere blokken te kunnen invoegen, zodat je variabelen of voorwaarden kunt toevoegen (een variabele die uit letters bestaat heet een **'string'**).

Voeg getalveld toe:
Voeg tekstvak toe:
Voeg ja/nee-veld toe:

2 Voeg een label toe met informatie over het nieuwe blok.

Voeg een tekstlabel toe: tekst

3 Vink 'Speel zonder het scherm te verversen' aan om het nieuwe blok te laten functioneren zonder de afbeelding op het scherm te 'verversen' of updaten tot alles erin klaar is.

☑ Speel zonder het scherm te verversen

Woordenlijst

achtergrond In Scratch de afbeelding op de achtergrond van het speelveld.

achtergrondbibliotheek In Scratch een lijst met beschikbare achtergronden.

als/dan Bij computeriseren een voorwaardelijke instructie die de computer vertelt wat te doen in een situatie.

als/dan/anders Bij computeriseren een voorwaardelijke instructie die de computer vertelt wat te doen in twee situaties.

animatie Een serie beelden die achter elkaar worden getoond zodat het lijkt alsof dingen bewegen.

bestand Een reeks informatie die opgeslagen is op een computer. Verschillende bestandstypen hebben verschillende letters of extensies aan het eind.

bestandsextensie De letters die volgen na de punt in een bestandsnaam, waardoor de computer weet wat voor soort informatie het bestand bevat. Een .jpg bijvoorbeeld is een afbeelding en een .wav is een geluid.

bestandsnaam Hoe je een bestand noemt als je het opslaat op de computer.

besturen-menu In Scratch een groep blokken waarmee andere blokken of scripts worden gecontroleerd.

beweging-menu In Scratch een groep blokken waarmee je sprites door het speelveld kunt laten bewegen.

binair Een systeem van tellen met enen (1) en nullen (0), dat wordt gebruikt door alle computers.

bitmap Bij computeriseren een beeld dat uit losse kleurstippen of pixels bestaat. In Scratch een tekenmanier waarbij je pixel voor pixel kunt tekenen.

blok In Scratch een coderingseenheid die samen met andere blokken een script vormt.

blokkenmenu In Scratch een groep blokken van een bepaalde soort, zoals Beweging en Uiterlijken.

booleaans blok Een meldingsblok met slechts twee mogelijkheden: goed/ja of fout/nee.

booleaanse logica Een manier om dingen uit te werken die wordt gebruikt door alle computers, waarbij beslissingen in eenvoudige ja-nee-vragen worden opgedeeld.

bpm Beats per minute, gebruikt om het tempo van muziek te meten.

bug Een fout in de codering, waardoor een programma niet naar behoren functioneert.

byte Een eenheid waarmee aantallen computerdata worden gemeten. Zie ook megabyte.

C-blok Een blok dat om andere blokken heen zit in de vorm van een C, zoals loops en als...-blokken. De vorm helpt bij het besturen van de syntax en verduidelijkt de structuur.

code Instructies geschreven in computertaal die de computer vertellen wat hij moet doen.

codering Geschreven instructies voor een computer.

computer Een machine die is ontworpen om instructies en procesdata uit te voeren; soms wordt het begrip omschreven als 'invoer verzamelen en die omzetten in resultaat of output'.

computerlogica De basisregels die alle computers volgen.

computertaal Een taal die is ontworpen voor computers met een vaste woordenlijst en syntax; Scratch is er een voorbeeld van.

conditionelen Instructies die de computer vertellen verschillend te reageren op verschillende voorwaarden, zoals 'als' of 'herhaal tot'.

constante Bij computeriseren een datagedeelte dat vaststaat (het tegenovergestelde van een variabele).

coördinaten Een manier om een veld in te delen met een raster en meetafstanden, waardoor je dingen kunt vinden door te kijken hoe ver ze zich naar links/rechts (x-coördinaat) en omhoog/omlaag (y-coördinaat) bevinden.

croppen De hoeken van een afbeelding bijwerken.

cursor Het knipperende lijntje dat op het scherm de plek aangeeft waar je typt. Soms is het ook een andere naam voor de muisaanwijzer.

data Informatie die wordt gebruikt door een computer. Alle data die kunnen worden gewijzigd moeten gelabeld worden – gewoonlijk door variabelen of lijsten te maken. Een datagedeelte dat niet verandert, wordt soms een constante genoemd. Zie ook 'string'.

data-menu In Scratch een groep blokken waarmee variabelen en lijsten worden beheerd.

debuggen Het repareren van codering om fouten of bugs te verwijderen.

deleten Iets verwijderen uit het geheugen van de computer.

downloaden Iets vanaf een website opslaan op een computer.

draaistijl In Scratch de manier waarop een sprite omdraait als hij de rand van het speelveld heeft bereikt.

dropdownmenu Een lijst met opties die verschijnt als je erop klikt.

dubbelklikken Twee keer met de linker muisknop klikken.

font Bepaald set letters met hetzelfde lettertype.

functies-menu In Scratch een groep blokken waarmee je kunt rekenen en voorwaarden kunt bepalen met booleaanse logica.

gebeurtenissen-menu In Scratch een groep blokken waarmee je scripts kunt laten starten en stoppen.

geluidenbibliotheek In Scratch alle geluiden die je kunt gebruiken.

geluid-menu In Scratch een groep blokken die geluids- en muziekeffecten besturen.

grafische effecten Effecten waarmee je het uiterlijk van een afbeelding kunt veranderen.

groene vlag-knop In Scratch beginnen alle scripts met een blok 'wanneer groene vlag wordt aangeklikt'.

herhaal (eeuwig) Bij computeriseren een instructie die een bepaald coderingsdeel eindeloos laat herhalen. In Scratch gebeurt dit door een C-blok.

herhaal (tot) Bij computeriseren een instructie die een bepaald coderingsdeel laat herhalen tot aan een bepaalde voorwaarde is voldaan. In Scratch gebeurt dit door een C-blok met een conditioneel.

hoed-blokken Zie start-blokken.

icoon Bij computeriseren een kleine afbeelding die iets vertegenwoordigt, bijvoorbeeld een bestand of een serie besturingen.

ingebedde loop Een loop binnen een loop.

inloggen Een computer-account binnengaan door het invoeren van een gebruikersnaam en wachtwoord.

input Informatie of instructies die je in een computer stopt.

inzoomen Een afbeelding groter maken, zodat je meer details kunt zien.

klikken Iets selecteren door er met de muisknop op te klikken (altijd de linker muisknop, tenzij specifiek 'klik met rechts' wordt vermeld).

kloon Een identieke kopie. In Scratch betekent het een kopie van een sprite.

kopiëren Een identieke kopie maken.

lagen Een manier om afbeeldingen te rangschikken, zodat sommige delen ervan voor andere delen verschijnen.

landschapsicoon In Scratch de knop die de achtergrondbibliotheek opent.

level Een uitdaging die in een computerspel moet worden gehaald.

lijst Een manier waarmee elk aantal informatiedelen voor een computer kan worden gerangschikt.

loop Een coderingssectie met herhalingen.

luidsprekericoon In Scratch de knop die de geluidenbibliotheek opent.

map Een manier om verschillende computerbestanden te groeperen als je ze opslaat.

meer blokken-menu In Scratch een blok waarmee je je eigen uiterlijk-blokken kunt maken.

megabyte Meer dan een miljoen (1.048.576) bytes.

melder-blok In Scratch een blok dat binnen een ander blok wordt gebruikt en dat een bepaalde waarde bevat (zoals een variabele of een string) die het dan 'meldt' aan het omgevende blok.

menu Een lijst met opties.

messaging Bij computeriseren informatie versturen tussen verschillende programmaonderdelen; in Scratch wordt dit gedaan via 'zend signaal'.

microfoonicoon De knop waarmee je geluiden kunt opnemen.

mijn projecten Als je een Scratch-account hebt, worden hier je projecten opgeslagen.

muisaanwijzer Het pijltje dat je op het scherm ziet en dat wordt bestuurd door met de muis te bewegen.

offline Als een computer niet is verbonden met het internet.

oneindige scroller Een gametype dat pas stopt als de speler een fout maakt.

online Als een computer is verbonden met het internet.

opslaan Computerbestanden bewaren om ze later opnieuw te kunnen gebruiken. In Scratch kun je dit online doen in je Scratch-account of offline op je computer.

output De resultaten die je krijgt van een computer.

palet Bij computeriseren een weergave van de beschikbare opties (doorgaans kleuren).

pen-menu In Scratch een groep blokken waarmee je met sprites kunt tekenen.

penseelicoon De knop waarmee de tekentools verschijnen.

pet-blok Een blok dat een script afsluit; deze blokken kunnen geen ander blok meer onder zich hebben.

pixeleren Een grafisch effect waarmee je een afbeelding in grote gekleurde punten kunt opdelen.

pixels De gekleurde punten waaruit een afbeelding op het scherm is opgebouwd.

programma Reeks instructies in computertaal die een computer vertellen wat hij moet doen.

remix In Scratch een nieuwe versie van een project waarvan de codering is gewijzigd.

rode knop In Scratch stop je hiermee alle scripts.

routine Bij computeriseren een van een naam voorzien, vaker inzetbaar coderingsdeel; in Scratch wordt dit gedaan met de uiterlijken-blokken.

rugzak Deel van een Scratch-account waarin je sprites, achtergronden en scripts kunt opslaan voor later gebruik.

schermverversing Wanneer een computer de afbeelding op het scherm updatet.

Scratch Een computertaal die speciaal is ontwikkeld om beginners te leren programmeren.

Scratcher Iemand die Scratch gebruikt.

script In Scratch een reeks instructies die wordt gemaakt door coderingsblokken bij elkaar te zetten.

scriptveld In Scratch het gedeelte van het scherm waarin je je coderingsblokken plaatst en tot scripts voor een geselecteerde sprite maakt.

slepen Bij computeriseren een item met de muis bewegen door die ingedrukt te houden. Bij racen een kracht die dingen afremt.

sleutelwoorden Instructiewoorden met een bepaalde exacte betekenis voor de computer, bijvoorbeeld 'beweeg' of 'speel'.

slider Een knop waarmee je geleidelijk door een reeks getallen kunt lopen.

speciale effecten Zie grafische effecten.

speelveld In Scratch is dit de plek waar je kunt zien hoe je codering wordt uitgevoerd. Het bevat tevens een eigen coderingsveld waar je scripts kunt toevoegen om achtergronden en achtergrondeffecten mee te besturen.

sprite In Scratch een afbeelding (of iets anders, inclusief tekst) waar je scripts aan toe kunt voegen.

spritebibliotheek In Scratch een lijst van alle beschikbare sprites.

sprite-icoon In Scratch de knop waarmee je de sprite-bibliotheek opent.

spriteveld In Scratch dat deel van het scherm waarin je alle sprites ziet die in een project worden gebruikt.

stapel In Scratch een serie blokken die zijn samengevoegd.

stapelblok In Scratch een normaal rechthoekig blok waaronder en waarboven andere blokken kunnen worden geplaatst.

start-blokken In Scratch activeren deze alle blokken die eronder hangen. Ook wel hoed-blokken genoemd.

startscherm Het eerste scherm dat je ziet in een computergame, ook wel bekend als titelscherm.

string Bij computeriseren een sequentie van letters of getallen die de computer behandelt als karakters (dus niet als een getal).

stroomschema Een soort diagram waarmee je elke stap van een programma kunt plannen.

syntaxis Een manier om een codering weer te geven zodat de computer die kan begrijpen.

tekentools Een set tools waarmee je zelf sprites en achtergronden kunt tekenen.

tekst-tool In Scratch een teken-tool waarmee je letters aan je afbeelding kunt toevoegen.

tempo De snelheid van muziek, gemeten in bpm (beats per minute).

titelscherm Zie startscherm.

uitbreiding In Scratch extra blokken die kunnen worden toegevoegd om bepaald elektronisch speelgoed mee te besturen.

uiterlijken In Scratch verschillende versies van dezelfde sprite.

uiterlijken-blok In Scratch een enkel blok waarbinnen zich een hele set andere kan bevinden. Je kunt je eigen uiterlijken-blokken maken in het menu 'Meer blokken'.

uiterlijken-menu In Scratch een groep blokken waarmee je kunt veranderen hoe dingen op het speelveld verschijnen.

uitvoeren (ook: runnen, spelen of draaien) Een programma of *script* in werking zetten.

uitzoomen Een afbeelding kleiner maken, zodat je er meer van kunt zien.

uploaden Data of bestanden versturen vanaf je computer naar ergens anders, meestal op een manier dat de inhoud online kan worden bekeken.

variabele Een manier om informatie voor een computer te labelen, zodat die items kan bijhouden als die veranderen.

vector-afbeelding Bij computeriseren een afbeelding die is opgebouwd uit afzonderlijke vormen. In Scratch een teken-modus waarmee je vormen kunt tekenen.

venster (window) Bij computeriseren een omkaderd gebied van het scherm waarin de informatie voor een programma wordt weergegeven.

voorwaarde Bij computeriseren iets wat een computer moest overwegen alvorens een beslissing te nemen. In Scratch worden voorwaarden bepaald door booleaanse blokken.

voorwaardelijke instructies Zie conditionelen.

waarnemen-menu In Scratch een groep blokken die sprites laten reageren op bepaalde voorwaarden.

webcam Een camera die op een computer is aangesloten.

willekeurig Niet bepaald door een patroon of systeem, dus onmogelijk te voorspellen.

wissen Iets schoonvegen of verwijderen, doorgaans van het scherm.

x-coördinaat Een getal dat bepaalt hoe ver iets naar links of rechts verschijnt in een raster (in Scratch het speelveld).

y-coördinaat Een getal dat bepaalt hoe ver iets omhoog of omlaag verschijnt in een raster (in Scratch het speelveld).

zenden In Scratch het versturen van een bericht van het ene deel van de codering naar het andere.

Register